C. P. Hant **DAS DREHBUCH**

C. P. Hant

DAS DREHBUCH

Praktische
Filmdramaturgie

Zweitausendeins

1. Auflage der erweiterten Neuausgabe, Februar 1999.
2. Auflage, April 2000.
Die Erstausgabe des vorliegenden Werks ist 1992 erschienen.
Copyright © 1999 bei Zweitausendeins, Postfach, D-60381 Frankfurt am Main.
www.Zweitausendeins.de

Das Register der deutschen Ausgabe hat Ekkehard Kunze erstellt.

Lektorat: Ekkehard Kunze, (Büro W), Wiesbaden.
Umschlaggestaltung: Dieter Kohler, unter Verwendung einer Grafik
von Ulrich Reindl, München.
Herstellung und Satz: Dieter Kohler GmbH, Nördlingen.
Druck: Gutmann+Co GmbH, Talheim.
Einband: G. Lachenmaier, Reutlingen.
Printed in Germany.

Dieses Buch gibt es nur bei Zweitausendeins im Versand,
Postfach, D-60381 Frankfurt am Main, Telefon 069-420 8000 oder
0180-23 2001, Fax 069-415 003 oder 0180-24 2001.
Internet www.Zweitausendeins.de, E-Mail info@zweitausendeins.de.
Oder in den Zweitausendeins-Läden in Berlin, Düsseldorf, Essen, Frankfurt,
Freiburg, 2x in Hamburg, in Hannover, Köln, Mannheim, München,
Nürnberg, Saarbrücken, Stuttgart.

In der Schweiz über buch 2000, Postfach 89, CH-8910 Affoltern a. A.

ISBN 3-86150-304-2

INHALT

VORWORT

> Ein hervorragender Film hat seinen Ursprung
> in einer hervorragenden Geschichte.
> So wie kein Fluß höher fließt als die Quelle,
> aus der er entspringt, so ist kein Film besser
> als die Geschichte, die er erzählt.
>
> *Samuel Goldwyn*

Wie muß ein Drehbuch aussehen, damit ein erfolgreicher Film daraus wird? Immer wieder hat mich diese Frage beschäftigt, als ich in Los Angeles für Filmproduktionen gearbeitet habe.

An manchen Drehbüchern wird in Hollywood jahrelang intensiv gefeilt. Oft arbeiten mehrere der besten Schreiber und Dramaturgen an einem einzigen Drehbuch. Das kostet eine Menge Geld. Die Überarbeitung von Drehbüchern für Kinospielfilme kostet Hollywood 500 Millionen Dollar pro Jahr. Dennoch, wenn die Filme dann ins Kino kommen, weiß niemand, wie das Publikum reagieren wird. Millionenschwere Flops gehören in Hollywood zum Geschäft. Jedes Studio landet jedes Jahr mehrere davon. Auch Starautoren sind keine Garantie für Erfolg.

Je mehr Erfahrungen ich bei meiner Arbeit in Produktion und Buchentwicklung sammeln konnte, um so klarer wurde mir, daß es kein Patentrezept für *das* Drehbuch gibt. Niemand weiß mit Sicherheit, welche Geschichte die Herzen von Millionen von Zuschauern erobern wird. Jedes Drehbuch ist ein Sprung ins Ungewisse – ein Wagnis, dessen Ausgang niemand vorhersagen kann. »Nobody knows anything«, sagt in diesem Sinne William Goldman in seinem Buch über das Drehbuchschreiben.

Bei aller Ungewißheit gibt es aber trotzdem dramaturgische Handwerksregeln. Ein Autor, der sie nicht kennt oder nicht beachtet, disqualifiziert seine Geschichte damit von vornherein selbst. Dieses Buch erklärt jene Regeln. Es beruht auf meinen Erfahrungen und faßt die Konzepte der wichtigsten Hollywood-Drehbuchgurus zusammen. Die Ideen von Syd Field, Robert McKee und Linda Seger finden sich hier genauso wie die Gedanken zur Kinodramaturgie von John Truby, Richard Walter, Frank McAdams, Viki King, Thomas Schlesinger, Keith Cunningham, Christopher Vogler und anderen. Offbeat-, Kunst- und Experimentalfilme sind hier nicht das Thema. Es soll ausschließlich der dramaturgische Aufbau von Filmen erläutert werden, die geeignet sind, ein Massenpublikum zu erreichen.

Lust am Geschichtenerzählen ist die einzige Voraussetzung, die meine Leserschaft mitbringen muß. Die einzelnen Abschnitte können unabhängig voneinander gelesen bzw. überschlagen werden, je nach Interesse und Vorwissen.

Im ersten Teil wird beschrieben, wie ein Drehbuch entsteht. Es folgt ein allgemeiner Teil, der in drei Blöcken wichtige dramaturgische Elemente erläutert, dem sich ein Abschnitt über den mythologischen Ansatz der Drehbuchentwicklung anschließt. Alles, was in diesen Kapiteln erläutert wird, gilt für Fernseh- und Kinofilme gleichermaßen. Denn ob eine Geschichte im Fernsehen oder im Kino gezeigt wird, das ändert nichts an ihrem dramatischen Aufbau. Der Schlußteil des Buches handelt von den formalen Voraussetzungen, außerdem finden sich hier Tips für die Vermarktung und nützliche Adressen.

Eine Warnung muß ich diesem Buch voranstellen: Keine der Regeln, die auf den nächsten Seiten erörtert werden, läßt sich verabsolutieren. Unerfahrene Produzenten, Redakteure und Dramaturgen klammern sich leider nur allzu gerne an solche Regeln. Wenn sie ihren Autoren dann eine entsprechende Schulbuch-Dramaturgie predigen, kann es passieren, daß sie damit eigenwillige und originelle Geschichten im Keim ersticken. Drehbuchschreiben kennt aber keine unumstößlichen Gesetze, auch wenn das von gewissen Drehbuchgurus immer wieder behauptet wird. Die Dramaturgie des Films läßt sich nicht in Marmor meißeln. Man kann sämtliche dramaturgische Regeln beherzigen und trotzdem ein schlechtes Drehbuch schreiben; und es gibt viele sehr gute Drehbücher, die wichtige Grundsätze verletzen. Was man macht und wie man es macht, das kann nur von Fall zu Fall entschieden werden.

Wer aber eine Regel verletzt, der sollte das nur bewußt tun, das heißt, er sollte wissen, warum er es tut. Dieses und anderes Wissen zu vermitteln ist Zweck und Absicht meines Buches.

Dieses Buch möchte ich meinen Kollegen und Kolleginnen widmen. Ohne ihre Arbeit gäbe es keinen Film. Trotzdem führen Drehbuchautoren in der Öffentlichkeit, den Medien und in der Filmindustrie ein Schattendasein. Mit Alfred Hitchcock möchte ich deshalb daran erinnern, daß es »für einen guten Film drei Dinge braucht: 1. ein gutes Drehbuch, 2. ein gutes Drehbuch und 3. ein gutes Drehbuch«.

C. P. Hant

EIN DREHBUCH ENTSTEHT

> Jeder Mensch hat zumindest eine Geschichte
> zu erzählen.
>
> *Woody Allen*

Am Anfang war die Idee

Lebendige Geschichten entstehen aus dem Leben. Der Autor
muß die Geschichte, die er schreibt, selbst erlebt haben. Das
heißt nicht, daß jeder Autor seine Autobiographie schreiben
müßte, denn dann wäre sein Repertoire tatsächlich auf die
eine Geschichte begrenzt, auf die Woody Allen anspielt. Es
geht vielmehr darum, Bilder zu finden für Gefühle, Situationen und Erkenntnisse, die dem Autor vertraut sind. Diese
Bilder müssen mit dem Alltagsleben des Autors nichts zu tun
haben. Im Gegenteil, der Autor wird sich bemühen, sehr
viel extremere und eindringlichere Bilder zu finden, die seine
eigenen inneren Wahrheiten möglichst deutlich beschreiben.

Anfänger versuchen oft, aus Varianten oder Kombinatio-
nen von schon gezeigten Filmen etwas Neues zu schaffen.
Verschiedene Kinohits werden miteinander kombiniert in der
Hoffnung, daß Geschichten, die schon einmal erfolgreich
waren, in Verbindung miteinander etwas Drittes, womöglich
noch Erfolgreicheres ergeben könnten. Diese Rechnung geht
aber nicht auf. Filme, die von Filmen abgeschrieben sind,
erkennt man sofort an ihren blutleeren, steifen Charakteren. Nur wenn der Autor den Mut hat, »seine« Geschichte
zu schreiben, das heißt eine Geschichte, die von seinen

ureigensten Gefühlen, Gedanken, Ängsten und Zweifeln erzählt, dann wird sie der Leser als lebendig und interessant empfinden.

Bei jedem von uns steigen täglich Bilder aus dem Unbewußten ins Wachbewußtsein auf. Die meisten sind schnell wieder vergessen, doch einige sind beständiger und eindrucksvoller als die anderen. Das ist der »Stoff, aus dem die Filme sind«. Eine Idee aus dem Reich der Träume und der Phantasie in unsere alltägliche Wirklichkeit zu transportieren braucht Geduld. Alles andere ist eine Frage persönlicher Vorlieben. Jeder Autor findet mit der Zeit zu seinem eigenen individuellen Weg, von einer Idee zum Drehbuch zu kommen.

Die verschiedenen Schritte, die nachfolgend beschrieben sind, stellen einen von vielen möglichen Wegen dar. Einzelne Schritte können auf unterschiedlichste Weise miteinander kombiniert werden, können herausgelassen, variiert oder mit anderen Schritten verbunden werden; die Freiheit des Autors kennt hier keine Grenzen.

Erst wenn der Autor eine Idee eine Weile mit sich herumgetragen hat, ist er fähig, sie klar zu erkennen. Während dieser Phase wird er spüren, wie sehr ihn die Idee fesselt. Wenn sie ihn nach ein paar Tagen wieder verläßt, braucht er nicht zu versuchen, sie festzuhalten. Andere Ideen werden kommen, die stärkere Kraft haben, vielleicht kommt die Idee aber auch nach einiger Zeit wieder zurück, diesmal eindrucksvoller und deutlicher. Je weniger man versucht, diese Vorgänge zu beeinflussen, um so besser. Das alles geschieht von ganz alleine. Ideen nehmen nicht durch unser Tun Form an, sondern vielmehr durch Nichttun, durch Zulassen.

Wenn eine Idee dem Autor nicht mehr aus dem Kopf gehen will, wenn sie ihn in seinen Tagträumen verfolgt und manchmal sogar nachts bis in den Schlaf, dann ist die Zeit reif, sie in Worte zu fassen. Die Formulierungen sind am Anfang holprig, und es dauert oft Tage, bis die Worte der Idee entsprechen.

In Worte gekleidet, gewinnt die Idee an Klarheit. Oft bemerkt man jetzt, daß mehrere Einfälle miteinander verwoben sind. Da muß man dann entscheiden: Welches ist die eigentliche, die grundlegende Idee? Diese eine Idee muß von Anfang an von allem anderen isoliert werden. Dazu gibt es ein phantastisches Hilfsmittel: kürzen. Das Kürzen führt von ganz allein zu Einfachheit und Klarheit.

Wenn die Idee auf eine Hauptfigur und ihre Geschichte reduziert ist, hat man den Kern der Geschichte gefunden.

Die Idee muß so lange gekürzt werden, bis sie sich in einem Satz ausdrücken läßt. Dieser Satz muß eine Figur und deren Handlung beschreiben.

Steht die Idee in dieser Kurzform auf dem Papier, ist es Zeit, sich eine wichtige Frage zu stellen: Ist die Geschichte interessant genug, um sie zu erzählen? Ist sie so interessant, daß wir viele Monate unseres Lebens damit zubringen wollen? (An einem Drehbuch für einen Zwei-Stunden-Film arbeitet ein Autor durchschnittlich etwa neun Monate.) Und – ist die Geschichte dramatisch interessant? Sind diese beiden Fragen geklärt, müssen wir entscheiden, ob ein Drehbuch die geeignetste Form ist, um die Idee darzustellen. Filme erzählen Geschichten, indem sie *Handlungen* von *Figuren* beschreiben. Läßt sich die Idee in Handlungen und Figuren auflösen? Ist sie visuell attraktiv? Falls sich die Idee besser in

Dialogen ausdrücken läßt, mag ein Theaterstück das geeignetere Medium sein. Geht es vor allem um die Beschreibung innerer Zustände, ist die Romanform sicher geeigneter als ein Drehbuch.

Die Idee ist die Grundvoraussetzung für den Film, trotzdem hat sie bei weitem nicht die Bedeutung, die ihr von Laien oft zugeschrieben wird. Eine Idee für einen Film zu haben ist nicht besonders schwierig. Ob aber daraus jemals auch wirklich ein Film wird, das hängt ausschließlich davon ab, wie gut die Idee in Form eines Drehbuchs ausgearbeitet ist. Die Angst vieler junger Autoren, ihre Ideen könnten gestohlen werden, ist daher wenig begründet. Ohne ein gut gearbeitetes Drehbuch, und das heißt ohne monatelange intensive Arbeit, wird aus der besten Idee kein Film.

Die Bilderflut

Eine Möglichkeit, um von der Idee zu Bildern zu kommen, ist, sie in eine Frage zu verwandeln. Diese Frage beginnt mit den Worten: »Was würde geschehen, wenn...?«

Angenommen, wir hätten die Idee gehabt für den Sciencefiction-Film *Total Recall* mit Arnold Schwarzenegger. Die Idee ist folgende:

Während ein Mann sein Bewußtsein mit einem künstlichen Erlebnis programmieren läßt, geschieht eine Panne, und die Welt des Programmes vermischt sich mit seiner Alltagswelt. Die Frage lautet dann: Was würde geschehen, wenn ein Mann, der sein Bewußtsein mit einem künstlichen Erlebnis programmieren läßt, plötzlich nicht mehr zwischen dem Programm und seinem Alltagsbewußtsein unterscheiden kann?

Diese Frage zieht sofort andere Fragen nach sich. Wie sieht die Welt des Mannes vor der Programmierung aus? Wie sieht das Programm aus, mit dem das Bewußtsein des Mannes gefüttert wurde? Geht es in dem Programm vielleicht um ein Abenteuer? Wie sieht dieses Abenteuer aus? Gegen wen hat er in dem Abenteuer zu kämpfen? Worum geht es bei diesem Kampf? Warum geschieht die Panne? Was für Konsequenzen ergeben sich aus der Panne für das Alltagsleben des Protagonisten? Was für eine Rolle spielen die Programmierer?

Freie Assoziation zu allen Fragen, die jetzt auftauchen, wird eine Flut von Bildern auslösen. Sie besitzen keine bestimmte Reihenfolge und werden gesammelt, ohne daß wir sie bewerten. Es geht ausschließlich darum, ungehindert zu assoziieren und alles zuzulassen, was vor dem Hintergrund der Idee auftaucht. Je mehr Bilder wir einfangen können, um so besser. Vielleicht erscheinen zu Anfang aber auch nur zwei oder drei Bilder. Das ist okay. Man muß sich Zeit lassen und darf sich zu nichts zwingen. Je spielerischer man sich mit der Idee befaßt, desto mehr Bilder steigen ganz von selbst aus dem Unbewußten auf.

Während des ganzen Tages sollte der Autor die Idee jetzt nicht aus seinem Bewußtsein verlieren. Bald werden dann immer mehr alltägliche Begebenheiten einen Bezug zu der entstehenden Geschichte bekommen. Der Autor erhält Hinweise, während er in ein Schaufenster sieht, in seinen Träumen, wenn er eine Illustrierte durchblättert oder sich mit Freunden unterhält. An den erstaunlichsten Stellen beginnt die Alltagswelt des Autors auf die Idee zu antworten. Das alles kann man nicht forcieren. Angestrengtes Nachdenken führt zu nichts. Man muß im Gegenteil jede Bemühung und jeden Zwang aufgeben, nur dann kann sich die Geschichte frei entwickeln. Alles geschieht in dieser Phase wie von selbst. Mühelos fällt dem Autor die Geschichte zu, und er erkennt, daß es dabei nicht um ein *Suchen* der Geschichte geht, sondern um ein *Finden*.

Der Körper der Geschichte: Der Plot

»Das Geheimnis der Dramatiker ist sehr einfach: zwei Hunde und ein Knochen.« Ben Hecht hat das einmal gesagt, ein Hollywood-Autor der 30er Jahre.

Zwei Hunde und ein Knochen – das führt automatisch zum Konflikt. Der eine Hund steht für den Protagonisten, den *Helden* der Geschichte, während der andere Hund die *antagonistische Kraft* darstellt, gegen die der Held kämpft. Der Knochen ist das, worum es geht, er ist das Ziel des Helden. Der Kampf um den Knochen ist der *zentrale Konflikt*.

Irgendwann kommt der Moment, wo wir den Körper der Geschichte, ihre Haupthandlung, den Plot, in dieser einfachen Urform erkennen; das kann schon nach ein paar Tagen sein oder erst nach mehreren Wochen oder Monaten. Fünf grundsätzliche Fragen können wir dann mit relativer Sicherheit beantworten:

– Wer ist der Protagonist?
– Was ist sein Ziel?
– Welches ist die antagonistische Kraft?
– Was ist ihr Ziel?
– Wie sieht der zentrale Konflikt der Geschichte aus?

Wir bekommen auch ein Gefühl für den Charakter der Hauptfigur. Wir beginnen, seine Schwächen zu ahnen, seine Stärken, seine Träume, seine Ängste, und wir erkennen immer

20

deutlicher die wichtigsten Nebenfiguren der Geschichte und ihre Funktion. Alles ist zunächst aber nur ein erstes vorsichtiges Tasten, und wir dürfen uns nicht sofort auf eine bestimmte Handlungsfolge und einen bestimmten Charakter festlegen. Das könnte sonst später notwendige Änderungen komplizieren oder sogar unmöglich machen.

Der Plot bekommt jetzt eine erste Struktur – Anfang, Ende und Mitte. Ist der vorläufige Plot-Verlauf klar, können wir versuchen, ihn in einer möglichst kurzen Form, also in maximal zwei bis drei Sätzen, auszudrücken.

Im Beispiel von *Total Recall* heißt die vorläufige Plot-Beschreibung so: Ein Mann, dessen Bewußtsein manipuliert wurde, gerät als Geheimagent zwischen die Fronten zweier Parteien, die um die Macht auf dem Mars kämpfen. Er entscheidet sich, auf der Seite der Revolutionäre gegen den Diktator zu kämpfen, der den Mars beherrscht, und besiegt den Diktator. Wir haben jetzt den »Knochen« (die Macht auf dem Mars), die beiden »Hunde« (der Geheimagent und der Diktator) und damit den zentralen Konflikt. Je mehr wir aber vom Plot »erahnen«, desto klarer wird auch, daß es uns bei allem »eigentlich« um etwas ganz anderes geht als um den zentralen Konflikt, der sich auf der materiellen Ebene abspielt. Langsam beginnen wir die *Grundfrage* zu erkennen, die in unserer Idee enthalten ist.

Die Grundfrage des Films

Die Grundfrage des Films ist das, worum es in Wirklichkeit geht. In Wirklichkeit geht es um sehr viel mehr als um den »Knochen«, in unserem Beispiel um den Machtkampf auf dem

Mars. Hinter dem Konflikt um den »Knochen« steht eine philosophische Frage. In unserem Beispiel wurde das Bewußtsein des Geheimagenten manipuliert. Geheimagent Schwarzenegger kann nicht sicher sein, wer er wirklich ist. Das, worum es in dem Film in Wirklichkeit geht, ist die Frage: Kann ich mit letzter Sicherheit wissen, wer ich wirklich bin? Das ist die *Grundfrage* des Films, die Frage, die den Autor und den Protagonisten geistig beschäftigt. Derartige Fragen sind nichts Neues. Die Frage des Schwarzenegger-Films: »Wer bin ich wirklich?« hat alle Philosophen, von Plato bis Heidegger, beschäftigt. Um diese Frage für ein Massenpublikum interessant zu machen, bedient sich der Dramatiker eines Tricks: er lockt seine Zuschauer mit dem Plot der Geschichte (dem Knochen und dem daraus resultierenden Konflikt der beiden Hunde), um sie für ihren Geist zu interessieren. Vor dem Hintergrund des Konflikts kann er die Frage ergründen die ihn »in Wirklichkeit« interessiert. Die Grundfrage des Films führt uns zu dessen Thema, zum Geist des Films.

Der Geist der Geschichte: Das Thema

Das Thema beschreibt den geistigen Konflikt, den der Protagonist zu lösen hat. Genau wie beim materiellen Konflikt des Plot muß es dazu mindestens zwei unvereinbare gegensätzliche Standpunkte geben. In unserem Beispiel *Total Recall* gibt es sogar drei Standpunkte, die miteinander in Konflikt stehen:

1) Die von Schwarzenegger gespielte Figur ist ein Geheimagent, der die Seiten gewechselt hat. (Ich bin der, der ich zu sein glaube.)

22

2) Er ist ein Geheimagent, dessen Bewußtsein manipuliert wurde, um ihn bei den Revolutionären einzuschleusen. (Ich bin nicht der, der ich zu sein glaube.)

3) Das Ganze ist nur ein Abenteuer, das auf seinen Wunsch hin in sein Gehirn programmiert wurde, das aber in Wirklichkeit niemals stattgefunden hat. (Ich bin weder der, der ich zu sein glaube, noch der, der ich nicht zu sein glaube, da ich in Wirklichkeit überhaupt nicht existiere.)

Wieder sollten wir einen Satz finden, der das Thema so knapp wie möglich ausdrückt. In unserem Beispiel lautet der Satz: Ein Mann, der während der Manipulation seines Bewußtseins aus der Programmierung ausbricht, kämpft darum, herauszufinden, ob er ein Geheimagent, ein Revolutionär oder eine Gestalt seiner eigenen Phantasie ist.

Den Satz, der das Thema ausdrückt, darf der Autor nicht mehr aus den Augen verlieren. Das Thema ist das innere Zentrum des Films, zu dem der Film bis zum Schluß immer wieder zurückkehrt. Ist das Thema gefunden, gibt das der Geschichte eine klare Form. Der Autor weiß dann, worüber er *nicht* zu schreiben braucht, wovon die Geschichte *nicht* erzählt. Alles, was nicht die Möglichkeit bietet, auf das Thema einzugehen, gehört nicht in die Geschichte. Das Thema sollte in jeder Szene in der einen oder anderen Form angesprochen werden. So wird es immer wieder von neuem unter den verschiedensten Umständen beleuchtet. Ein Drama bietet die Möglichkeit, das Thema von vielen Seiten aus zu ergründen. Das wird durch die verschiedenen Figuren möglich, deren Standpunkte zu dem Thema nach und nach klar werden sollten. Das Thema gibt dem Plot den geistigen Zusammenhang.

Zu Beginn ist dem Autor die Grundfrage und das damit verbundene Thema nicht immer bewußt. Es entwickelt sich oft erst während des Schreibens aus dem Plot. Wer die Arbeit an einem Drehbuch mit der Grundfrage beginnt, der begibt sich in Gefahr: Geschichten, die so entstehen, wirken meist leblos und steif. Man merkt, daß der Film um die Frage herumgeschrieben ist. Sie kann von noch so tiefer Bedeutung sein, doch die Frage ist es nicht, die den Film interessant und lebendig macht. Die altbekannten Grundfragen des Lebens werden erst durch den Blickwinkel interessant, von dem aus sie gestellt werden, und der entsteht im dramatischen Film aus der Entwicklung des Plot.

Das Thema des Films wird im Plot, wenn überhaupt, meist nur am Rande gestreift. Der Plot hat die Aufgabe, die Geschichte voranzutreiben und die Zuschauer in Spannung zu halten. Da bleibt für ein Eingehen auf die Grundfrage wenig Raum. So wird das Thema vor allem in den Nebensträngen der Geschichte, den sogenannten Subplots, behandelt. *Total Recall* behandelt das Thema in zwei verschiedenen Subplots: in einer Dreiecksliebesgeschichte zwischen dem Geheimagenten (Schwarzenegger), einer Agentin des Diktators und einer Revolutionärin und in dem Subplot zwischen dem Geheimagenten und dem dubiosen »Recall Institut«.

Die Aussage

Am Ende von *Total Recall* gibt Schwarzenegger der Revolutionärin einen Kuß. Er hat die Identität des Revolutionärs gewählt und ist sich gleichzeitig bewußt, daß alles, was er erlebt, vielleicht nur Einbildung ist. Damit lautet die Aussage von *Total Recall:* Man kann nicht mit letzter Sicherheit wissen, wer man wirklich ist und ob man wirklich existiert, aber man kann sich entscheiden, der zu sein, der man am liebsten wäre.

Die *Aussage* des Films ist die Antwort auf die *Grundfrage*. Sie muß dem Autor klar bewußt sein, bevor er anfängt, der Geschichte eine Struktur zu geben. Er muß fähig sein, diese Aussage für sich in einem Satz zu formulieren, um zu wissen, mit welcher geistigen Grundposition sein Film endet. Während des Films wird das Thema immer wieder neu aufgerollt und jedesmal anders beantwortet. Die Aussage wird abwechselnd mit der oder den Gegenaussagen konfrontiert (z. B.: Ich weiß, wer ich bin – ich weiß nicht, wer ich bin. Liebe triumphiert über Machtgier – Machtgier triumphiert über Liebe etc.).

Am Schluß des Films wird das Thema ein allerletztes Mal erörtert. Die Antwort, die dann gegeben wird, ist die Aussage des Films. Es ist die Antwort auf den geistigen Konflikt der Geschichte. Wie beim zentralen Konflikt der materiellen Ebene wirkt die Aussage besonders machtvoll, wenn während des Films die Gegenaussage dominiert. Auch der geistige Konflikt kann damit enden, daß Aussage und Gegenaussage gemeinsam triumphieren (wie in *Total Recall*).

Ein guter Film wird seine Aussage niemals in Worten formulieren. Wird die Aussage in Dialogform gemacht, dann wirkt das unbeholfen. Wir fühlen uns nicht unterhalten, sondern plump belehrt. Ein geschickter Autor wird statt dessen die Handlungen und Ereignisse der Geschichte so orchestrieren, daß am Schluß die Aussage des Films klar ist. Da sie nicht verbal vermittelt wird, kann sie den wertenden Verstand des Zuschauers passieren. Er akzeptiert sie intuitiv, ohne sie kritisch zu prüfen, und genau darin liegt die Macht des Films.

Das Herz der Geschichte: Der emotionale Konflikt

Die Geschichte hat jetzt einen Körper und einen Geist, doch um lebendig zu werden, fehlt ihr noch etwas ganz Entscheidendes: das Herz. Nur eine Geschichte mit Herz bewegt Emotionen. Wenn unsere Gefühle angesprochen werden, berührt uns die Aussage des Films sehr viel stärker, als wenn wir sie nur verstehen. *Total Recall* ist ein Beispiel für einen Film, der kein Herz besitzt. Er fesselt uns geistig, das Thema ist geschickt dargestellt, und die Aussage wird intelligent vermittelt. Der Film vermag auch uns in Spannung zu halten, weil der Konflikt um den »Knochen« (die Macht auf dem Mars) eindrucksvoll erzählt wird. Aber emotional läßt er uns unbeteiligt. Das liegt daran, weil der Protagonist keinen emotionalen Konflikt auszutragen hat. Arnold Schwarzenegger ist ein Supermann, mit dem wir uns zwar gerne identifizieren, weil er stark und sympathisch ist, doch als Mensch bleibt er uns fern und unbekannt.

Jeder weiß aus eigener Erfahrung, daß wir ständig emotionalen Veränderungen unterworfen sind. Ein Held, der diese Prozesse nicht durchmacht, ist nicht wie wir selbst. Wer aber nicht so ist wie wir, dem werden wir unser Herz nicht öffnen.

Um eine Geschichte zu schreiben, die die Herzen der Zuschauer bewegt, muß der Autor den Protagonisten durch *echte* emotionale Erfahrungen gehen lassen. Das heißt, was der Protagonist emotional erlebt, muß der Autor auch erlebt haben bzw. während des Schreibens durchleben. Derartige Prozesse können sehr schmerzhaft sein, und viele Autoren vermeiden es, sich damit auseinanderzusetzen. Dem Autor werden, während er den emotionalen Konflikt des Protagonisten ergründet, eigene Wunden, Ängste und Gefühle bewußt, die er oft bis zu dem Moment, in dem er darüber schreibt, nicht wahrhaben wollte. Trotzdem darf sich der Autor nicht davor drücken, den emotionalen Konflikt seiner Geschichte zu ergründen. Für ihn selbst kann das Schreiben heilsam sein. Unbewußte Konflikte werden ins Bewußtsein geholt und formuliert. Sie bekommen eine Form, werden eingegrenzt und verlieren das Bedrohliche der Namenlosigkeit.

Wie dem Autor selbst, so ist auch dem Protagonisten der eigene emotionale Konflikt zu Beginn der Geschichte nicht bewußt. Aus einem Zustand scheinbarer innerer Sicherheit gerät er in ein Wechselbad emotionaler Schwankungen zwischen den Gefühlen, die den Konflikt bestimmen. Der Protagonist geht durch wechselnde psychische Zustände von Glück, Schmerz und Trauer etc. Am Ende hat er seinen inneren Konflikt nicht nur kennengelernt, sondern auch gelöst. Er ist jetzt frei von der Unklarheit, mit der ihn der ungelöste Konflikt zu Anfang der Geschichte belastet hat.

In *Rain Man* hat der Vater der von Tom Cruise gespielten Figur dem behinderten Bruder sein Vermögen hinterlassen. Die emotionale Reaktion der Tom-Cruise-Figur ist Enttäuschung und Haß auf den Bruder. Doch als er im Verlauf der Geschichte seinen Bruder kennenlernt, da entsteht das Gefühl von Mitleid und Liebe. Haß und Enttäuschung geraten immer mehr in Konflikt mit Liebe und Mitleid, die am Schluß triumphieren.

In *Casablanca* hat Lisa ihren Geliebten Rick plötzlich verlassen. Als sie ihm nach Monaten zufällig begegnet, läßt er sie seine Eifersucht und seine Enttäuschung spüren. Diese Gefühle stehen im Gegensatz zu der Liebe, die er nach wie vor für sie empfindet. Genau wie bei dem geistigen und dem materiellen Konflikt gibt es auf den emotionalen Konflikt im Verlauf der Geschichte die verschiedensten Antworten. Auch hier ist die Antwort, die am Schluß gegeben wird, wenn sich der Konflikt ein allerletztes Mal darstellt, die Lösung. Der letzte Standpunkt, den der Protagonist einnimmt, zeigt uns, wie er den emotionalen Konflikt löst.

Auch den emotionalen Konflikt kann man, um ihn sich zu verdeutlichen, mit ein oder zwei kurzen Sätzen formulieren.

Während der Arbeit an der Struktur der Geschichte werden die drei Konfliktebenen (materiell, geistig, emotional) immer klarer. Schließlich ist die Geschichte nichts anderes, als das Medium, mit dessen Hilfe diese drei Grundkonflikte ergründet werden. Alle Handlungen und Ereignisse, die nicht wenigstens mit einer der drei Konfliktebenen zu tun haben, gehören nicht zur Geschichte.

Die Story Outline

In der Story Outline werden die verschiedenen Bilder zu einzelnen Handlungsabschnitten (Beats) verbunden. Die Beats werden gegliedert, geordnet und miteinander in Beziehung gesetzt. Jeder Beat sollte so knapp wie möglich beschrieben werden. Es erleichtert die Arbeit, wenn man die verschiedenen Beats auf kleine Karten schreibt. Kärtchen kann man beliebig austauschen, weglassen oder hinzufügen. Die Beats hintereinander auf ein Blatt Papier zu schreiben macht erheblich mehr Arbeit, da sich ihre Reihenfolge während dieser Phase des Drehbuchschreibens ständig ändert und die ganze Auflistung immer wieder neu verfaßt werden müßte.

So wie ein großes Zeltdach auf verschiedenen Stangen

ruht, so ruht die Geschichte auf vier Ereignissen von herausragender Bedeutung. Das sind: der Anfang, das Ende des 1. Aktes (Plot Point 1), das Ende des 2. Aktes (Plot Point 2) und der Höhepunkt am Ende des 3. Aktes. Stehen diese vier Punkte fest, können die Erzählschritte zwischen diesen Punkten festgelegt werden.

Die vier Hauptereignisse in *Tootsie* zum Beispiel sehen so aus:

ANFANG: Schauspieler Michael Dorsey ist begabt, aber als schwierig bekannt, niemand will ihn engagieren.

ENDE DES 1. AKTES: Michael beschließt, sich als Frau zu verkleiden, und bekommt eine Rolle.

ENDE DES 2. AKTES: Michael verliebt sich in die Mitschauspielerin Julie. Er möchte seine Frauenrolle aufgeben, doch er ist zu erfolgreich. Niemand will ihn aus seinen Verträgen entlassen.

HÖHEPUNKT AM ENDE DES 3. AKTES: In einer Live-Sendung enthüllt Michael seine wahre Identität.

Zuerst wird der Höhepunkt am Ende des 3. Aktes bestimmt. Ist der Schluß klar, hat man den Fixpunkt gefunden, auf dem die Geschichte ruht. Es ist der Punkt, an dem der materielle, der geistige und der emotionale Konflikt gelöst werden. Wenn der Autor die Lösung kennt, dann kann er alles das passieren lassen, was notwendig ist, damit sich das Ende folgerichtig ereignet. Beim Zuschauer entsteht dann das Gefühl,

29

daß es wegen des Anfangs und der darauf folgenden Handlungen zwangsläufig zu diesem Höhepunkt kommen mußte.

Die Ereignisse, die zwischen Anfang und Ende stehen, sind nicht eine Aneinanderreihung von Ursachen und Wirkungen, sondern eine Konstruktion von Ursachen, die ein ganz bestimmtes Ergebnis zur Folge haben: den Höhepunkt am Schluß der Geschichte.

Manchen Autoren hilft es, eine entstehende Story Outline möglichst vielen Freunden und Bekannten zu erzählen. Robert Towne zum Beispiel, der Autor von u. a. *Chinatown,* erzählt seine Geschichten, bevor er sie aufschreibt, grundsätzlich so oft, bis sie ca. 45 Minuten lang sind. Das Erzählen kann einen viel lehren: man bemerkt Löcher in der Geschichte und Schwächen in der Struktur. Man merkt, wo beim Gegenüber die Aufmerksamkeit nachläßt und wo die Geschichte den Zuhörer fesselt. Mit jedem Erzählen wird die Geschichte solider. Wer seine Geschichte nicht immer wieder erzählen mag, der kann auch während der Arbeit an der Outline kurze Zusammenfassungen der Geschichte (ohne Dialoge, ca. 5 bis 20 Seiten) verfassen. Zusammenfassungen (Treatments) haben denselben Effekt wie das Erzählen: beim Lesen sieht man die Geschichte mit anderen Augen, und ihre Schwächen und Stärken werden klar.

Eine Outline enthält, je nach Entwicklungsstadium, wesentlich mehr als die ursprüngliche Idee. Oft stecken Monate konzentrierter Arbeit darin. Urheberrechtlich schützen lassen kann man seine Story Outline (auch deutsche Fassungen, aber entsprechend amerikanischem Standard; vgl. Seite 155ff.) in Amerika bei der Writers Guild (siehe Seite 177).

Die Konstruktion der Outline ist eine wichtige und oft langwierige Phase in der Drehbuchentwicklung. Bei konzentrierter, täglicher Arbeit kann es mehrere Monate dauern, bis die Outline für einen zweistündigen Kinofilm feststeht. Zu sehen ist wenig: ein paar Seiten Papier mit den Beats der Geschichte. Steht die Outline in dieser Kurzform fest, kann sie weiter präzisiert werden: die Beats werden jetzt in Szenenbeschreibungen aufgelöst.

Als Beispiel können die Szenenbeschreibungen des Anfangs von *Tootsie* dienen:

1. INNEN – ZIMMER – TAG
Kleber, Bühnenzähne, Perücke, Make up. Barthaare werden um den Mund von Schauspieler MICHAEL DORSEY geklebt.

2. INNEN – KLASSENZIMMER – TAG
Michael Dorsey übt mit der Möchtegernschauspielerin SANDY LESTER.

3. INNEN – ZIMMER – TAG
Michael klebt sich einen Schnurrbart an.

4. INNEN – KLASSENZIMMER – TAG
Michael übt mit zwei Schauspielern, die mit heraushängenden Zungen ihre Köpfe verdrehen.

5. INNEN – ZIMMER – TAG
Michael bürstet seine Augenbrauen.

6. INNEN – BÜHNE – VERDUNKELTES THEATER – TAG
Mit geglätteten Haaren, tiefer Stimme und kosmopolitischen Worten liest Michael einem Produktionsassistenten mit ausdruckslosem Gesicht eine lausige Liebeszene vor. Eine Stimme aus dem Zuschauerraum verkündet Michael, daß die Produzenten jemand Älteren suchen.

7. INNEN – ANDERE BÜHNE – EIN ANDERES VERDUN-
KELTES THEATER – TAG
Michael stürmt auf die Bühne in Shorts und Baseball-
handschuhen, seine Stimme höher geschraubt als normal.
Eine Stimme aus dem Zuschauerraum sagt Michael, daß
die Produzenten jemand Jüngeren suchen.

8. INNEN – ANDERE BÜHNE – EIN ANDERES VERDUN-
KELTES THEATER – TAG
Michael liest. Eine Stimme aus dem Zuschauerraum sagt,
daß die Produzenten jemand Kleineren suchen. Michael
entfernt die Absätze von seinen Schuhen und sagt, daß er
kleiner sein kann. Wir brauchen jemand, der »anders« ist.
Michael sagt, daß er »anders« sein kann. »Wir suchen nach
jemand anderem.«

9. INNEN – KLASSENZIMMER – TAG
Michael spricht vor seinen Studenten über die Beziehung
zwischen dem Schauspieler, dem Text und dem Autor.

10. INNEN – ANDERE BÜHNE – EIN ANDERES VERDUN-
KELTES THEATER – TAG
Michael rezitiert schwachen Dialog aus einem schwachen
Stück. Geräusche aus dem Zuschauerraum provozieren
seine Frage: »Entschuldigung, aber störe ich Ihre Unter-
haltung?«

11. INNEN – KLASSENZIMMER – TAG
Michael lehrt seine Studenten, wie man eine Rolle beherrscht.

12. INNEN – THEATER – TAG
Michael spielt eine Sterbeszene von Tolstoi. Der Regisseur

weist ihn an, seine Position auf der Bühne zu ändern. Michael widersetzt sich und verläßt die Bühne.

13. INNEN – KLASSENZIMMER – TAG
Michael beschwört seine Studenten, ihre Schauspielkunst zu praktizieren.

14. AUSSEN – MANHATTAN-RESTAURANT – TAG
Gäste kommen und gehen. »Ihr seid Schauspieler«, sagt Michael seinen Studenten in Voice Over (s. S. 103, 158).

15. INNEN – EINGANG – RESTAURANT – TAG
Der Chef des Hauses begrüßt die Gäste. »Ihr müßt alles tun, um Arbeit zu finden«, sagt Michael seinen Studenten in Voice Over.

16. INNEN – RESTAURANT – KÜCHE – TAG
Michael und sein Wohnungsgenosse JEFF SLATER bei der Arbeit, als Kellner. Michael fragt Jeff, ob er die letzte Szene seines Stückes geschrieben hat.

17. AUSSEN – STRASSE – NACHT
Michael und Jeff gehen nach Hause. Sie diskutieren über Jeffs Stück und Michaels Depression.

18. INNEN – APARTMENTHAUS – TREPPE – NACHT
»Bekämpfe deine Depression, indem du selbst bist und nicht ›der großartige Kellner‹«, sagt Jeff.

Mit einer genauen Auflistung der Beats bzw. mit einer Szenenbeschreibung sind sowohl die Struktur der Geschichte als auch die Charaktere der Figuren klar definiert. Jetzt hat man zwei Möglichkeiten: entweder, man beginnt sofort das Drehbuch zu schreiben, oder man schreibt zuerst ein Treatment, das üblicherweise zwischen 40 bis 60 Seiten lang ist. Das Treatment beschreibt die Handlung und erzählt den Subtext, das heißt, es erklärt die Gedanken und Gefühle der Figuren. Dialoge sind im Treatment, wenn überhaupt, nur sehr sparsam verwendet. Auf den ersten Blick scheint es, als bedeute die Abfassung eines Treatments zusätzliche Arbeit. In Wahrheit aber kann man sich damit sehr viel Arbeit ersparen. Da das Treatment um etwa die Hälfte kürzer ist als das Drehbuch, braucht man auch für dessen Überarbeitung viel weniger Zeit. Es sollte so oft überarbeitet werden, bis der Ablauf der Geschichte der Absicht des Autors vollkommen entspricht. Wenn ein gut gearbeitetes Treatment vorliegt, dann geht es beim Schreiben des Drehbuchs nur noch darum, dem Treatment die entsprechenden Dialoge hinzuzufügen.

Wer sofort mit dem Schreiben des Drehbuchs beginnt, der muß sich auf viele Änderungen gefaßt machen. Einige Fassungen sind notwendig, bis die Geschichte tatsächlich die Idee des Autors wiedergibt. Drehbuchschreiben wird oft mit der Arbeit des Bildhauers an einer Skulptur verglichen. Schicht für Schicht wird abgetragen, um zur gewünschten Form zu kommen.

Grundvoraussetzungen einer Geschichte im Film

Damit ein Film funktioniert, muß er
– spannend sein
– Gefühle auslösen
– Erkenntnis vermitteln

SPANNUNG: Eine gute Filmstory ist so strukturiert, daß der Zuschauer in jedem Moment gespannt ist, was als nächstes geschieht.

Indem wir den Zuschauer in Spannung halten, erreichen wir, daß seine Gedanken nicht abschweifen und er mit seiner ganzen Konzentration dem Geschehen folgt. Je größer die Spannung, desto ungeteilter ist die Aufmerksamkeit des Zuschauers. Spannung ist damit die Grundvoraussetzung, ob und in welchem Maß ein Film seine Zuschauer erreicht. Aber wie wird Spannung erzeugt?

Spannung entsteht dadurch, daß man nicht weiß, was als nächstes passiert.

Jede Geschichte kann in zwei bis drei Sätzen von Anfang bis Schluß erzählt werden. Doch der Autor hütet sich, das zu tun. Er beginnt mit der Erzählung, wirft eine Frage auf und läßt den Leser so lange zappeln, bis er am Schluß endlich die Antwort auf die Frage serviert. Das Spiel zwischen Autor und Leser besteht darin, daß der Leser vieles wissen möchte, und der Autor sein Wissen nur langsam und zögernd preisgibt. Der Autor ist in der Situation einer Stripperin, die sich ganz langsam auszieht und mit dem Versprechen der Nacktheit das Publikum fesselt. Wenn er sein Handwerk beherrscht, dann erweckt der Autor den Eindruck, daß er die Geschichte eigentlich gar nicht verraten will und daß ihn erst die Neugierde des Lesers dazu zwingt, nach und nach das preiszugeben, was er weiß. Das erste und unumstößliche Gesetz des Drehbuchschreibens besteht also darin, nicht alles sofort zu verraten. Dem Leser/Zuschauer wird der Mund wäßrig gemacht, doch dann spannt ihn der Autor auf die Folter. Der Autor läßt ahnen und verspricht Wissen, aber erst später. Die

Ahnungen des Zuschauers werden manchmal bestätigt, manchmal vollkommen über den Haufen geworfen, so daß er niemals sicher sein kann, was als nächstes tatsächlich passieren wird.

GEFÜHLE: Der Zuschauer muß an den Vorgängen der Geschichte emotional beteiligt sein.

Die Magie des Spielfilms besteht darin, daß er als Kunstprodukt wirkliche Gefühle beim Zuschauer auslösen kann. Beim dramatischen Film geht es in erster Linie nicht um Information, sondern um das gefühlsmäßige Beteiligtsein des Zuschauers. Die Darstellung von Tatsachen ist immer nur ein Mittel zum Zweck, Gefühle auszulösen.

Die Gefühle, die im Zuschauer während eines Films entstehen, ähneln einer Fahrt mit der Achterbahn. Der Protagonist ist sozusagen das Fahrzeug. Die Höhen und Tiefen sind die inneren Erfahrungen, die der Zuschauer macht, wenn er gemeinsam mit dem Protagonisten die Achterbahn seiner emotionalen Konflikte durchfährt.

Wie intensiv die dabei aufkommenden Gefühle werden, hängt davon ab, wie die Achterbahn konstruiert ist. Je höher die Berge und je tiefer die Täler, desto eindrucksvoller ist die Fahrt. Die Erlebnisse des Protagonisten müssen also so extrem wie nur irgend möglich sein. Jede Situation muß bis zum letzten ausgereizt werden. Die Siege des Protagonisten müssen überwältigend und seine Niederlagen erdrückend sein. Natürlich muß alles immer im Verhältnis zu den Tatsachen stehen, die geschildert werden. Wenn die Tatsachen die Gefühlsbewegungen nicht rechtfertigen, dann entsteht Melodrama. Das können wir verhindern, indem wir die Tatsachen der Intensität der Gefühle anpassen. Unsere Achterbahn der Gefühle muß außerdem so konstruiert sein, daß Höhen und Tiefen ständig abwechseln. Immer wieder gibt die Geschichte eine andere Antwort auf den emotionalen Konflikt, und der Protagonist pendelt dauernd zwischen Haß und Mitgefühl, Vertrauen und Unsicherheit, Liebe und Enttäuschung etc. Entsprechend empfindet der Zuschauer abwechselnd Heiterkeit und Trauer, Besorgnis und Erleichterung etc. Der emotionale Konflikt des Protagonisten erinnert den Zuschauer an seine eigenen inneren Kämpfe und wird dadurch in ihm lebendig.

Aber nicht nur die inneren Konflikte bewegen die Gefühle des Zuschauers, auch die äußeren Situationen, in denen sich der Protagonist befindet, lösen Gefühlsreaktionen aus. Auch hier bewegt sich die Situation des Protagonisten immer zwischen entgegengesetzten Polen. Wir sehen zum Beispiel, wie ein Mörder hinter einer Hauswand lauert, während unser ahnungsloser Protagonist auf sein Auto zugeht (Besorgnis). Der Mörder schießt, doch der Protagonist kann entkommen (Erleichterung). Der Mörder nimmt die Verfolgung auf (Besorgnis). Der Protagonist fährt um ein paar Ecken und kann seinen Verfolger abschütteln (Erleichterung). An einer Ampel sieht er in den Rückspiegel: das Auto des Mörders ist direkt hinter ihm (Besorgnis).

Je häufiger sich das Schicksal des Protagonisten wendet, um so mehr Berge und Täler gibt es auf unserer Achterbahn und um so mehr Gefühle entstehen beim Zuschauer. Die Gefühle werden so orchestriert, daß sie wie von selbst zu der emotionalen Aussage am Ende führen. Natürlich darf der Protagonist nicht hintereinander nur gewinnen oder verlieren. Damit würde er das Interesse der Zuschauer schnell verlieren, ebenso wie eine Achterbahn, die immer nur auf und ab fährt. Werden zwei oder drei gleichartige emotionale Erfahrungen hintereinander geschaltet, dann muß sich ihre Intensität mit jedem Mal steigern, um die gefühlsmäßige Beteiligung beim Zuschauer zu erhalten – genauso die Achterbahn, die einen Berg nach dem anderen erklimmt, nur um dann in ein um so tieferes Tal zu rasen. Der innere Konflikt des Protagonisten sollte in allen Bereichen seines Lebens sichtbar werden, das heißt im Konflikt mit sich selbst, in seinen Beziehungen zu den Menschen seiner Umgebung und in seiner Beziehung zu Gesellschaft und Umwelt.

Gegen Ende der Geschichte verstärkt sich die Intensität der Gefühle, und der Rhythmus des Wechsels wird beschleunigt. Die höchsten Berge und die tiefsten Täler in immer rascherer Aufeinanderfolge – so muß ein Film am Schluß dramatisch strukturiert sein. Erst am Ende des Films dürfen die Schauspieler an die Grenzen ihres Potentials gelangen.

ERKENNTNIS: Der Verlauf der Handlung muß eine Aussage vermitteln.

Die Grundfrage, die um das Thema des Films kreist, wird am Ende zum letzten Mal gestellt und beantwortet. Die letzte Antwort ist die Aussage, die der Film macht.

GRUNDELEMENTE

Ich glaube, daß der Protagonist immer von der Dunkelheit zum Licht geht. Das ist der Weg, den alle Menschen gehen.

Bruce Joel Rubin, Drehbuchautor

Der Protagonist

Wir sind daran gewöhnt, die Welt von einem ganz bestimmten Standpunkt aus (von unserem Ich) zu betrachten. Genau wie in unserem Leben brauchen wir in einem Film eine Figur, die im Zentrum der Welt der Geschichte steht und durch die wir mit der Welt der Geschichte verbunden sind. Das ist der Protagonist.

Er unterscheidet sich von allen anderen Figuren in zwei wesentlichen Punkten:

1) Der Protagonist ist derjenige, von dessen Seite aus die Geschichte erzählt wird.

Eine dramatische Geschichte wird nie objektiv erzählt, sondern immer von der Seite einer der beteiligten Figuren. Die Bewertung aller Ereignisse der Geschichte geschieht vom Standpunkt dieser Figur aus.

2) Der Protagonist ist derjenige, dessen Entscheidungen und Handlungen den Verlauf der Geschichte bestimmen.

Der Protagonist ist der Beweger, er ist der, durch den das geschieht, was geschieht. Natürlich beeinflussen auch andere Faktoren die Handlung. Doch ihr Einfluß ist bei weitem geringer. Da der Protagonist durch seine Handlungen und Entscheidungen den Verlauf der Geschichte bestimmt, gilt für ihn ein grundlegendes Gesetz:

Der Protagonist ist aktiv. Er muß handeln.

Der Protagonist darf nicht zum Spielball anderer Kräfte innerhalb der Geschichte werden. Er ist immer die Figur, die am meisten bewegt. Wenn es in der Geschichte eine Figur gibt, die aktiver ist als der Protagonist, dann sollte der Autor darüber nachdenken, ob er tatsächlich die richtige Figur zum Protagonisten gemacht hat, bzw. welche Möglichkeiten bestehen, die Rolle des Protagonisten aktiver zu gestalten.

In jedem Fall muß für den Autor zweifelsfrei klar sein, wessen Geschichte erzählt werden soll. Oft bieten sich mehrere Figuren an. Es gibt aber immer eine ganz bestimmte Figur, die sich für die Rolle des Protagonisten am besten eignet. Es ist diejenige, deren Entscheidungen und Handlungen den zentralen Konflikt des Plots entscheiden. Anders ausgedrückt: der Protagonist ist die Figur, die im direkten Gegensatz zur antagonistischen Kraft steht.

Die Wahl des Protagonisten kann nicht ernst genug genommen werden. Eine falsche Entscheidung an dieser Stelle kann aus einem vielversprechenden Stoff ein unbrauchbares Drehbuch machen. Wenn man sich nicht schlüssig ist, welche Figur die Rolle des Protagonisten übernehmen soll, ist es am besten, die in Frage kommenden Figuren einfach auszuprobieren. Dazu kann man die Geschichte entweder von den verschiedenen Standpunkten aus erzählen, oder man schreibt für die verschiedenen Protagonisten je zwei bis drei Seiten Synopsis (Zusammenfassung der Geschichte in Kurzform).

Manchmal handeln Geschichten von zwei oder mehreren Protagonisten, wie zum Beispiel in *Butch Cassidy and the*

Sundance Kid oder in *Bonnie and Clyde*. Dabei gibt es aber immer einen, der mehr im Vordergrund steht, der die Handlung vorantreibt. Um eine klare Identifikation zu ermöglichen, muß von Anfang an immer klar sein, welche der Hauptfiguren stärker im Mittelpunkt steht.

Der Charakter des Protagonisten

Einen Protagonisten zum Leben zu erwecken heißt, ihn möglichst genau zu charakterisieren. Das geschieht, indem wir die Figur sowohl dezent als auch brutal entlarven. Durch Entscheidungen, die er trifft, enthüllt der Protagonist selbst seinen Charakter, und wir beginnen herauszufinden, wer er wirklich ist. Besonders interessant wird seine Entscheidung, wenn er zwischen zwei negativen oder zwei gleichermaßen positiven Möglichkeiten entscheiden muß. Was der Protagonist über sich selbst sagt und was über ihn gesagt wird, ist von geringer Bedeutung. Der Zuschauer beurteilt den Charakter einer Figur ausschließlich aufgrund ihrer Handlungen. Steht eine Aussage über den Protagonisten im Gegensatz zu seinen Handlungen, so wird für den Zuschauer bei seiner Beurteilung immer die Handlungsweise ausschlaggebend sein und nicht irgendeine verbale Aussage.

Charakterisiert wird der Protagonist auch durch die anderen Figuren, die er um sich versammelt. Die Menschen, denen der Protagonist begegnet, lassen uns verschiedene Seiten seiner Persönlichkeit erkennen. Wie verhält er sich Menschen gegenüber, von denen er abhängig ist? Wie behandelt er Menschen, über die er Macht ausübt? Wie verhält er sich seiner Geliebten, seinem Freund, seinem Lehrer, seinen Eltern gegenüber? Jede Figur enthüllt andere Aspekte seiner inneren Qualitäten.

Am Anfang mag der Protagonist ein Jedermann sein, doch indem wir ihn besser kennenlernen, wird er im Verlauf der Geschichte zu einem eindrucksvollen Original. Lebendig wird der Protagonist auch durch die Widersprüche in seiner Person. Seine äußeren Eigenschaften mögen im Gegensatz stehen zu seinem Innenleben, oder seine inneren Qualitäten mögen einander widersprechen. Er kann zum Beispiel zugleich freundlich und grausam oder witzig und humorlos sein. Daneben sollte der Protagonist auch ganz alltägliche Eigenschaften besitzen. (Er mag Bier, er ißt zuviel, sieht jedes Fußballspiel.) Diese kleinen Abrundungen, diese alltäglichen Gewohnheiten und Vorlieben sind es, die eine Figur »echt« erscheinen lassen. Natürlich muß der Protagonist auch Witz, Cleverness, Ausdauer und die Fähigkeit mitbringen, die er braucht, um sein Ziel zu erreichen. Diese Fähigkeiten besitzt er aber nicht von Anfang an, sondern er erwirbt sie nach und nach, während der Plot auf den Höhepunkt zusteuert.

Alle Eigenschaften des Protagonisten müssen klar und deutlich erkennbar sein. Figuren in Filmen haben ihre Wirkung, weil sie präzis gezeichnete, hervorstechende Eigenschaften haben. In einem Film hat der Autor nicht viel Zeit, um dem Zuschauer ein Gefühl für die Figuren zu geben. Grelle Übertreibung ist notwendig, um in der kurzen Zeit, die zur Verfügung steht, ein klares, unzweifelhaftes Bild vom Charakter zu vermitteln. Dieses Bild gleicht sehr viel mehr einer Karikatur als einem exakten Porträt. Je klarer der Autor die Eigenschaften des Protagonisten vermitteln kann, um so besser werden die Zuschauer den Film verstehen.

Am tiefsten wird der Protagonist durch den emotionalen

Konflikt charakterisiert, den er durchlebt. Dieser Konflikt wird während der Geschichte langsam deutlich. Am Anfang folgt der Protagonist einem Gefühl, dem er sein Leben lang unter ähnlichen Umständen gefolgt ist. Es ist das Gefühl, das ihn in die Situation gebracht hat, in der er sich zu Beginn der Geschichte befindet. Im Zusammenhang mit dem zentralen Konflikt entsteht dann ein neues, unbekanntes Gefühl, das zunehmend stärker wird und das zu dem alten, bekannten Gefühl im Gegensatz steht. Der Konflikt der Gefühle führt zu widersprüchlichen Handlungen und den Helden zu einer psychischen Wunde, vor der er ein Leben lang die Augen verschlossen hat. Ihm wird klar, daß er den zentralen Konflikt nur lösen kann, wenn er die Wunde heilt. Das geschieht, indem er dem neuen Gefühl folgt.

Aber diese Vorstellung löst seine größte Angst aus: es würde bedeuten, daß er sein Verhalten grundlegend ändern müßte und sich auf einen Weg begeben würde, der ihm vollkommen unbekannt ist. Doch ihm ist bewußt, daß er seine Angst überwinden muß, wenn er sein äußeres Ziel erreichen möchte und im zentralen Konflikt siegreich bleiben will. Indem er kämpft und äußere Schwierigkeiten überwindet, wächst der Protagonist innerlich und ist schließlich bereit, auch seine Angst zu überwinden und dem neuen, unbekannten Gefühl zu folgen. Er heilt seine Wunde und geht aus den Konflikten als ein Gewandelter hervor. Oder, im Fall des tragischen Helden, führt der Konflikt dazu, daß er der Stimme seiner Angst folgt, die innere Wunde nicht heilt und zum Schluß untergeht bzw. mehr denn je in Irrtümern und Ängsten verhaftet ist.

In fast jeder Geschichte wandelt sich der Protagonist und sieht sich selbst und seine Welt am Ende mit anderen Augen

45

als zu Beginn. Wie seine Verwandlung endgültig aussieht, darüber besteht bis zum Schluß Unsicherheit. Erst seine letzte Entscheidung im emotionalen Konflikt zeigt uns das wahre Wesen des Helden.

Identifikation

Durch Identifikation mit dem Protagonisten erleben auch die Zuschauer den inneren Konflikt mit und erfahren, daß Wunden heilbar sind und daß Änderung möglich ist.

Indem der Zuschauer die Geschichte von der Seite der Hauptfigur aus sieht, ergreift er Partei: er ist jetzt nicht mehr ein neutraler Beobachter, sondern er *erlebt* die Geschichte, er nimmt, genau wie der Protagonist selbst, daran teil. Identifikation ist die Grundvoraussetzung dafür, daß eine Verbindung zwischen Zuschauer und Geschichte entsteht und daß Spannung, emotionale Beteiligung und Erkenntnis entstehen können. So früh wie möglich sollte der Zuschauer daher vom Beobachter zum Teilnehmer werden.

Dazu müssen folgende Voraussetzungen erfüllt sein:

– Dem Zuschauer muß klar sein, mit welcher Figur er sich identifizieren soll.
– Der Protagonist muß ein klares äußeres Ziel haben. Dieses Ziel muß durch eine unmißverständliche materielle und emotionale Motivation des Protagonisten begründet sein.
– Der Autor muß den emotionalen Konflikt des Protagonisten genau kennen und darstellen.
– Der Zuschauer muß den Charakter des Protagonisten so genau wie möglich kennenlernen.

– Der Protagonist muß zur Identifikation einladen.
– Die Situationen, die der Protagonist erlebt, müssen beim Zuschauer wechselnde, gegensätzliche Gefühle auslösen.

Der Protagonist sollte so früh wie möglich bestimmt werden. Danach muß die gefühlsmäßige Verbindung zur Hauptfigur bis zum Schluß aufrechterhalten bleiben (zur Ausnahme des tragischen Helden vgl. Seite 52). Um klarzumachen, wer der Protagonist ist, wird die Geschichte zu Beginn überwiegend von dessen Standpunkt aus erzählt. Der Zuschauer sieht, was der Protagonist sieht, und beide erhalten dieselbe Information. Ist die Identifikation einmal hergestellt, braucht der Standpunkt des Protagonisten nicht ununterbrochen beibehalten zu werden. Der Zuschauer kann dann Dinge sehen oder erfahren, von denen der Protagonist nichts weiß. Manchmal läßt sich die Spannung damit erheblich steigern, zum Beispiel wenn wir eine Gefahr sehen, die auf den Protagonisten zukommt, vor der er selbst nicht die geringste Ahnung hat. Der Standpunkt, von dem aus die Geschichte erzählt wird, muß aber immer wieder zum Protagonisten zurückkehren. Wenn wir ihn über zu lange Strecken hinweg verlassen, dann wird die Bereitschaft des Zuschauers zur Identifikation schwächer, und es ist möglich, daß sie ganz abreißt.

Um sich identifizieren zu können, muß der Zuschauer wissen, was der Protagonist will. Der Zuschauer muß das Ziel kennen, auf das sich die Handlungen und Entscheidungen des Protagonisten beziehen. Dieses Ziel muß konkret und greifbar sein. Der Protagonist mag nach »Liebe«, »Freiheit« oder »Macht« streben, – das allein ist nicht genug. Der Autor muß seiner Hauptfigur ein materielles Ziel geben, das die ideelle Qualität, nach der er strebt, ausdrückt, etwa »Julia«, »der Sturz des Diktators X«, »der Chefsessel in der Firma«. Das Ziel kann sich im Verlauf der Geschichte ändern, aber zu jedem Zeitpunkt muß der Zuschauer wissen, welches Ziel der Protagonist verfolgt.

Der Zuschauer muß außerdem wissen, warum es von so großer Wichtigkeit ist, das Ziel zu erreichen. Er muß sowohl die rationale als auch die emotionale *Motivation* kennen, die den Protagonisten zu seinem Ziel treibt. Wichtig ist vor allem die emotionale Bedeutung, die das Ziel für den Protagonisten hat. Der Zuschauer muß »nachfühlen« können, warum es für ihn so entscheidend ist, das Ziel zu erreichen. Ebenso müssen die Konsequenzen klar sein, die sich für den Protagonisten ergeben, falls er sein Ziel nicht erreicht. Je verheerender die Konsequenzen im Fall der Niederlage sind, desto besser. Je bedrohlicher das Schicksal ist, das dem Protagonisten im Fall seines Scheiterns bevorsteht, um so intensiver werden wir mit dem Protagonisten hoffen, daß er sein Ziel erreicht.

Je besser der Zuschauer den Protagonisten kennt, um so inniger wird seine Identifikation sein. Dieses Kennenlernen geschieht nicht mit langatmigen Erklärungen über die Vergangenheit des Protagonisten, seine Kindheit, seine Ehe, seine Berufserfahrungen etc. Das würde den Zuschauer nur langweilen. Wir lernen den Protagonisten statt dessen dadurch kennen, daß wir unmerklich, schrittweise, immer mehr über ihn erfahren. Eine Bemerkung, eine Geste, eine Reaktion im Gesicht. Das ist oft genug, um eine erste Verbindung herzustellen. Je mehr sich die Geschichte entfaltet, um so mehr erfährt der Zuschauer über den Protagonisten.

Der Vorgang ähnelt einer Liebesbeziehung: Zuerst wird

unser Interesse geweckt. Es mag etwas Äußeres sein, eine Charaktereigenschaft oder eine Situation, in der sich der/die Geliebte befindet. Wenn dann ein erstes Kennenlernen stattgefunden hat, beginnen wir langsam, immer mehr von dem Menschen zu entdecken. Wir lernen seine Wünsche, seine Träume und seine Ideale kennen. Und wir ahnen, daß es vieles gibt, was wir noch nicht über ihn wissen, was wir aber gerne kennenlernen wollen: wir verlieben uns in ihn. Je besser wir den Menschen kennen, desto deutlicher sehen wir aber auch seine Schattenseiten: seine Fehler, seine Schwächen und seine Ängste. In manchen Momenten steht er völlig nackt vor uns, schutzlos und ohne die Möglichkeit, uns etwas vorzumachen. Dann wandelt sich unser Gefühl: aus der anfänglichen Verliebtheit wird echte Liebe.

Genauso sollte sich die Beziehung des Zuschauers zum Protagonisten von anfänglichem Interesse über »Verliebtheit« in »echte Liebe« verwandeln. Dazu ist es wichtig, auch die Schattenseiten der Figur zu zeigen.

Erst diese dunklen Aspekte seines Charakters geben der Figur Tiefe und machen aus ihr eine mehrdimensionale, lebendige Person. Gerade die Seiten, die der Protagonist normalerweise vor sich selbst und anderen versteckt, sind es, die uns das Gefühl geben, die Wahrheit über diesen Menschen zu erfahren. Der Autor spielt dabei ganz bewußt mit der Neugierde des Zuschauers. Der seelische Striptease, zu dem der Autor den Protagonisten zwingt, ist so gestaltet, daß der Zuschauer bis zum Schluß immer ahnt, daß es noch weitere Entdeckungen über dessen Seelenleben zu machen gibt. Viele große Filme sind nichts anderes als eine psychische Peepshow, in der der Autor den Zuschauern erlaubt, in die tiefsten und verborgensten Winkel der Psyche der Figuren zu blicken. Jede dieser Enthüllungen sollte explosiver sein und stärker als die vorhergehende, so daß am Ende, wenn sich der emotionale Konflikt entscheidet, die größte Enthüllung steht. Dabei müssen alle Eigenschaften schon von Anfang an vorgezeichnet sein. Unbekannte Charakterzüge aus dem Nichts wirken unglaubwürdig.

Oft werden Protagonisten als interessante Figuren eingeführt, die uns zugleich irgendwie vertraut erscheinen. Aber wenn sich der Protagonist auf einmal in einer unerwarteten Weise verhält, dann wird dem Zuschauer gleichsam der Teppich unter den Füßen weggezogen. Seine Erwartungen werden über den Haufen geworfen. Plötzlich erscheint der Protagonist in einem vollkommen neuen Licht. Die Spannung des Zuschauers steigt und er fragt sich, womit ihn der Protagonist beim nächsten Mal überraschen wird.

Gerade in Filmen, die mit wenig Handlung auskommen, sind derartige Überraschungen notwendig und wichtig. In *As Good As It Gets* zum Beispiel passiert vom Plot her sehr wenig: Drei Menschen verlassen New York für eine Nacht und kehren am nächsten Tag wieder zurück. Was den Film spannend macht, das sind die von Jack Nicholson, Helen Hunt und Greg Kinnear gespielten Figuren. Sie überraschen uns ständig mit neuen, unerwarteten Kehrtwendungen in ihrem Verhalten. Der Film bleibt allein dadurch spannend, daß wir die Charaktere der Figuren durch eine Kette von Überraschungen immer besser kennenlernen. Nicholson und Hunt wurden für ihre künstlerische Darstellung mit einem Oscar ausgezeichnet, Kinnear war nominiert. Die großartige Leistung der drei Schauspieler war aber nur möglich, weil sich das Drehbuch dieser Technik der Charakterisierung meisterhaft bedient hat.

So wirkungsvoll es ist, die Schattenseiten des Helden auf-
zudecken, so wichtig ist es aber auch, damit bis zum richtigen Zeitpunkt zu warten. Wird der Zuschauer zu früh mit
negativen Eigenschaften oder Verhaltensweisen des Protagonisten konfrontiert, kann keine Identifikation stattfinden.
Der erste Eindruck ist für das Verhältnis von Zuschauer und
Protagonist entscheidend. Wird der Held bei der ersten Begegnung von den Zuschauern abgelehnt, ist es meistens
unmöglich, hinterher die verscherzte Sympathie noch einmal
zu gewinnen. Daher muß, wenn der Protagonist zum ersten
Mal auftritt, eine Eigenschaft oder eine bestimmte Handlung
zur Identifikation mit ihm einladen. Es kann auch die Situation sein, in der sich der Protagonist befindet, die ihn sympathisch macht: er mag sich in einer verzweifelten Lage befinden, in Gefahr sein, unverschuldet ein Unglück erleiden,
umgeben sein von negativen Kräften etc. Sollen gleich zu
Anfang auch die düsteren Seiten der Figur gezeigt werden,
dann muß das mit viel Fingerspitzengefühl geschehen. Immer
muß dann auch etwas Positives zu sehen sein, womit sich
der Zuschauer identifizieren kann – wie zum Beispiel beim
Gangsterboß Don Corleone in *The Godfather (Der Pate)*, in
dem wir nicht nur von seiner Brutalität erfahren, sondern
auch von seiner Liebe zu seiner Familie.

Was den Zuschauer und den Protagonisten unzertrennlich
werden läßt, das ist letztendlich die Achterbahn der wechselnden Gefühle (vgl. Seite 36). Je wilder die Fahrt, um so
stärker ist die Identifikation. Indem der emotionale Konflikt
Gefühle weckt, die der Zuschauer selbst erlebt hat, verwischt
sich die Grenze zwischen ihm und der Leinwandfigur.
Irgendwann sind die Hoffnungen und Wünsche des Zuschauers mit denen des Protagonisten identisch. Von da an

ist der Zuschauer auf dessen Seite, egal was der Held tut.
Jetzt verläßt der Zuschauer ihn auch dann nicht, wenn dessen Handlungen seinen eigenen moralischen und ethischen
Überzeugungen grundsätzlich widersprechen. Dieser Prozeß
ist dem Zuschauer nicht bewußt: er merkt nicht, daß er
mit dem Protagonisten innerlich immer mehr verbunden ist
und schließlich bereit ist, mit ihm durch dick und dünn zu
gehen. Der Protagonist mag sich als Verräter oder als Mörder
entpuppen – das alles spielt dann keine Rolle mehr. Der
Zuschauer wird mit ihm leiden und hoffen bis zum Ende
der Geschichte.

Tragische Helden

Ein Protagonist, der seine inneren und äußeren Konflikte
nicht lösen kann und am Ende der Geschichte zugrunde
geht, bedarf einer besonderen Behandlung. Zwar muß auch
mit dem tragischen Helden zuerst eine Identifizierung stattfinden, der Autor sollte dem Zuschauer aber die Möglichkeit
geben, sich gegen Ende der Geschichte vom Protagonisten
zu lösen.

Ist das nicht möglich, wird der Zuschauer mit den unge-
lösten Problemen des Protagonisten aus dem Kino entlassen.
Der Autor hat den Zuschauer auf einen Trip in die Hölle mitgenommen, ohne ihn aus dieser Hölle wieder zu befreien.
Beim Zuschauer entsteht das Gefühl, daß der Autor eine
unlösbare Situation geschaffen hat, mit der er ihn dann, als er
nicht mehr weiter weiß, alleine läßt. Ein Film, der tragisch
endet, ohne daß der Autor dem Zuschauer die Möglichkeit
zur Distanz gibt, wirkt unbefriedigend. Langsam sollte der

Autor daher im dritten Akt den Protagonisten verlassen und das Ende des tragischen Helden von einer anderen Figur aus erzählen.

Plot

Der Plot trägt die Haupthandlung. Es ist der materielle Konflikt, der äußere Verlauf der Geschichte, und der sollte immer klar und einfach zu verstehen sein. Der Plot ist mit den Eigenschaften des Protagonisten untrennbar verbunden. Weil der Protagonist so ist, wie er ist, geschieht das, was geschieht. Nur aufgrund der Charaktereigenschaften des Protagonisten kommt es zu gewissen Entwicklungen und Konflikten. Die Geschichte von *Casablanca* zum Beispiel würde sicherlich vollkommen andere Wendungen nehmen, wenn an Stelle des coolen Rick ein Woody-Allen-Charakter stehen würde.

Die Frage, was wichtiger ist, die Eigenschaften des Protagonisten oder der Plot mit seinen Entwicklungen, ist genauso unlösbar, wie die Frage nach dem Huhn und dem Ei. Plot und Protagonist in Aktion sind dasselbe. Die Plotstruktur ist die Ordnung, in der sich die Eigenschaften des Protagonisten entfalten. Die Ereignisse der Geschichte prägen den Charakter des Protagonisten, und der Charakter des Protagonisten prägt den Verlauf der Geschichte. Damit treibt jede Szene sowohl die innere (charakterliche) wie die äußere (Plot) Entwicklung voran. Selbst die Entscheidung, nicht zu handeln oder sich nicht zu entscheiden, ist eine aktive Handlung des Protagonisten, die der Geschichte ihre Form gibt. Jede Bewegung des Plot ist der Protagonist in Aktion, oder anders ausgedrückt: der Plot ist das, was der Protagonist tut. Plot und Protagonist sind zwei Seiten derselben Münze. Sie bedingen einander und sind untrennbar miteinander verbunden.

Zu Beginn der Arbeit an einer Filmidee ist natürlich nicht sofort beides zugleich vorhanden. Die Idee bezieht sich entweder auf eine Handlung oder auf eine Figur. Im Verlauf der weiteren Arbeit muß der Autor dann auch den anderen Teil entwickeln. Dabei geht es darum, die Charaktereigenschaften des Protagonisten so zu gestalten, daß sie den Plot hervorbringen, bzw. den Plot so zu formen, daß er zum Resultat der Eigenschaften des Protagonisten wird.

Im Idealfall ist eine Geschichte durch Plot und Charakter gleichermaßen bestimmt. Doch das ist selten. Die meisten Geschichten sind entweder plotorientiert oder figurenorientiert. Action-Stories und Docudramas sind mehr plotorientiert, während Beziehungsgeschichten meist mehr figurenorientiert sind. Für beide Storytypen gibt es eine Grenze, die nicht überschritten werden darf: eine figurenorientierte Geschichte, die sich nur noch mit der Erforschung der seelischen Zustände und der charakterlichen Entwicklung der Figuren befaßt und dabei auf Handlung weitgehend verzichtet, läuft Gefahr, wortlastig zu werden und damit unattraktiv für den Film (vgl. Seite 108 ff.). Für den Autor einer solchen Geschichte geht es darum, einen Weg zu finden, wie er durch äußere Handlung innere Zustände und Veränderungen der Figuren darstellen kann.

Das andere Extrem ist die plotlastige Geschichte, bei der zwar ständig irgend etwas passiert, bei der man aber die Motivation der Figuren nicht kennt. Solche Geschichten wirken flach und vordergründig. Egal, ob die Handlungen oder die Charakterisierung der Figuren vernachlässigt werden – beides führt dazu, daß der Film an Spannung und Glaubwürdigkeit verliert. Der Zuschauer bleibt gefühlsmäßig unbeteiligt und distanziert sich innerlich von der Geschichte. Wichtig ist auch, daß der Plot zu Beginn der Geschichte so einfach wie möglich ist. Dem Film als Ganzem ist oft am besten damit gedient, wenn sein Anfang vollkommen einfach bleibt. Ein komplizierter Beginn kann den Zuschauer schnell überfordern und dazu führen, daß er der Geschichte nicht mehr folgt und aussteigt. Ist der Plot einfach und klar etabliert, kann man im späteren Handlungsverlauf mit mehr Finesse arbeiten.

Die antagonistische Kraft

Während der Protagonist immer eine Figur sein muß, mit der eine Identifizierung möglich ist, kann die antagonistische Kraft auch etwas Unpersönliches sein (eine negative innere Qualität des Protagonisten, eine Naturgewalt, gesellschaftliche Verhältnisse etc.). Wirkungsvoller läßt sich der zentrale Konflikt allerdings meistens darstellen, wenn die antagonistische Kraft personifiziert ist. Szenen direkter Konfrontation von Angesicht zu Angesicht sind dramatisch besonders wirksam, und eine Geschichte läßt sich sehr viel besser in den Griff bekommen, wenn dem Protagonisten ein Antagonist aus Fleisch und Blut gegenübersteht, als wenn die antagonistische Kraft in inneren oder äußeren Zuständen zu finden ist. Der Autor sollte sich daher am Anfang immer fragen, ob es eine Möglichkeit gibt, die Hauptfigur mit einem Antagonisten aus Fleisch und Blut zu konfrontieren.

Hat es der Protagonist mit mehreren Antagonisten zu tun, dann muß von Anfang an klar definiert sein, welches der

Hauptgegner ist. Während die übrigen Antagonisten nicht unbedingt bis zum Schluß auftauchen müssen, sollte sich der Hauptantagonist durch die gesamte Geschichte bewegen. Vor allem am Ende muß der Hauptgegner präsent sein, um die Auseinandersetzung endgültig zu lösen. Verschwindet der Hauptantagonist vor dem Höhepunkt aus der Geschichte, läßt der Schluß den Zuschauer unbefriedigt. Es hinterläßt den Eindruck, als hätte der Autor vergessen, etwas Entscheidendes zu erzählen.

Die klare Bestimmung des oder der Antagonisten ist genauso wichtig wie die Bestimmung der Hauptfigur. Während der Entstehung der Geschichte muß sich der Autor über folgende Fragen klarwerden:
– Wer ist der Antagonist?
– Was will er?
– Was ist seine materielle, was seine emotionale Motivation?
– Was geschieht, wenn er nicht bekommt, was er will?
– Wie sehen die äußeren Widerstände aus, gegen die er zu kämpfen hat?

Dem Zuschauer muß klar sein, was es emotional für den Antagonisten bedeutet, wenn er sein Ziel erreicht. Auch die Konsequenzen seines Scheiterns müssen klar sein. Wie bei der Hauptfigur sollte auch beim Antagonisten die Motivation in erster Linie emotional begründet sein.

Der Protagonist kann immer nur so stark sein, wie die antagonistische Kraft. Deshalb sollten die gegnerischen Kräfte so stark wie möglich anwachsen. Dabei muß der Antagonist aber, auch wenn er noch so schlecht und finster ist, immer menschliche Züge behalten. Nur wenn der Antagonist als ein verletzliches, menschliches Wesen mit Gefühlen, Hoffnungen und Ängsten gezeigt wird, entsteht der Eindruck einer lebendigen Figur, und es bleibt nicht beim eindimensionalen Filmbösewicht. Um lebendige Wesen zu erschaffen, muß der Autor alle seine Figuren lieben können, auch und gerade den Antagonisten.

Film = Drama
Drama = Konflikt

Der Protagonist einer lebendigen Geschichte steht vor drei Konflikten: dem materiellen Konflikt des Plot (Kampf um den Knochen), dem geistigen Konflikt des Themas (die Grundfrage, um die es in der Geschichte geht) und den emotionalen Konflikt seiner Psyche (die innere Wunde, die größte Angst). Diese Konflikte existieren nicht unabhängig voneinander, sondern sie sind alle durch die Figur des Protagonisten eng miteinander verbunden. Sie beeinflussen und verstärken einander. Während der materielle Konflikt den Plot-Verlauf bestimmt, werden der geistige Konflikt und der emotionale Konflikt selten im Plot erörtert, sondern meistens zum Inhalt der verschiedenen Subplots. Der materielle Konflikt hat vor allem die Aufgabe, das Interesse der Zuschauer zu fesseln und Spannung zu erzeugen. Er ist das Lockmittel, mit dem der Dramatiker seine Zuschauer einfängt. Durch den emotionalen Konflikt erlebt der Zuschauer Ängste, Gefühlsschwankungen, Heilung und Verwandlung an der Seite des Protagonisten. Er wird an seine eigenen psychischen Konflikte erinnert und daran, daß Heilung und Verwandlung möglich ist. Dramatisch hat der emotionale Konflikt die Funktion, Identifikation herzustellen und die Zuschauer gefühlsmäßig so stark wie möglich an die Geschichte zu binden. Der geistige Konflikt, der um das Thema der Geschichte kreist, ist der eigentliche Inhalt des Dramas. Der Autor erörtert eine philosophische Grundfrage des Lebens und gibt seinen Kommentar in Form der Aussage des Films. Filme können ihre Aussage besonders wirkungsvoll vermitteln, weil der Zuschauer sie in einem Zustand erhöhter Aufmerksamkeit erfährt. Er ist durch den Plot in Spannung gehalten und mit seiner ungeteilten Aufmerksamkeit bei der Geschichte, und außerdem ist er durch Identifikation emotional mit der Geschichte verbunden.

Konflikt ist das magische Hilfsmittel, mit dem der Dramatiker seine Zuschauer fesselt.

Ein Konflikt erregt automatisch unsere Aufmerksamkeit und weckt unsere Emotionen. Dabei ist es egal, ob es um eine Schlägerei, ein Wortgefecht, um Krieg oder kämpfende Hunde geht – unser Adrenalinspiegel steigt. Verfolgen wir den Konflikt auf der Seite einer der beteiligten Parteien, dann kann einen das dermaßen mitreißen, daß man jeden Bezug zur Realität verliert (wie die Katastrophen in Fußballstadien beweisen). Die menschliche Eigenart, auf Konflikte mit erhöhter Aufmerksamkeit und emotionaler Beteiligung zu reagieren, macht sich der Dramatiker zunutze. Er macht einen Konflikt zum Inhalt seiner Geschichte und kann damit der Aufmerksamkeit seiner Zuschauer sicher sein. Konfliktsituationen so weit wie möglich zu steigern und bis zum letzten auszubeuten ist für den Dramatiker nichts Unmoralisches. Es ist im Gegenteil seine erste und heiligste Aufgabe. Aristoteles hat das gelehrt, die Dramen von Shakespeare haben es bestätigt, und daran hat sich bis heute nichts geändert.

Je mehr also für die beteiligten Figuren auf dem Spiel steht, um so besser. Immer wieder sollte sich der Autor fragen, wie er seine Figuren noch tiefer in die verschiedenen Konflikte hineinverstricken kann.

Der materielle Konflikt der Geschichte entsteht dadurch, daß der Protagonist, indem er auf sein äußeres Ziel zugeht, auf Widerstände stößt. Er begegnet einer antagonistischen Kraft, die seinen Bemühungen entgegengesetzt ist. Je mehr der Protagonist davon besessen ist, sein Ziel zu erreichen, und je größer die Widerstände der antagonistischen Kraft sind, um so wirkungsvoller läßt sich die Geschichte erzählen. Die Entwicklung der Geschichte macht klar, daß ein Konflikt zwischen der antagonistischen Kraft und dem Protagonisten unvermeidbar ist. Zwei unvereinbare Gegensätze treffen aufeinander, die durch äußere Umstände gezwungen sind, ihren Konflikt bis zum bitteren Ende miteinander auszutragen. Dabei ist von Anfang an klar, daß es keinen Kompromiß zwischen den beiden Gegensätzen geben kann. Es gibt nur ein Entweder-Oder, nur Sieg oder Niederlage. Die Entwicklung des zentralen Konflikts ist die Kette von Ereignissen, die die Geschichte zusammenhält. Es ist der rote Faden, der sich konsequent von Anfang bis Ende durch die Geschichte zieht. Der Autor muß alles tun, um diesen roten Faden nicht zu verknoten oder zu verlieren.

Der zentrale Konflikt muß klar erhalten werden und dem Zuschauer immer bewußt bleiben, auch wenn Seitenstränge der Geschichte erzählt werden. Alles muß immer wieder zum zentralen Konflikt zurückführen. Die Geschichte erzählt von der Fixierung des Konfliktes (im 1. Akt), von der Entwicklung (2. Akt) und von der Lösung (3. Akt). Der zentrale Konflikt sollte während der Geschichte in seiner ganzen Tiefe von verschiedenen Standpunkten her ausgeleuchtet werden. Dazu dienen die Figuren, die zu dem zentralen Konflikt alle einen unterschiedlichen Standpunkt einnehmen und die oft verschiedene Möglichkeiten repräsentieren, wie der zentrale Konflikt durch den Protagonisten gelöst werden könnte. Der zentrale Konflikt stellt den Protagonisten aber auch laufend vor emotionale Konfliktsituationen. Materieller und emotionaler Konflikt stehen damit in einer Wechselbeziehung: nur wenn der Protagonist seinen emotionalen Konflikt löst, das heißt seine Schwächen, Ängste und Unsicherheiten überwindet, kann er auch den äußeren Konflikt lösen. Der zentrale Konflikt ist damit die Wurzel für die Wandlungen, die der Protagonist erfährt. Bei der Darstellung der inneren Konflikte des Protagonisten, seiner Gedanken und Gefühle, muß der Autor andere Wege finden als Selbstgespräche, die monoton und künstlich wirken.

Spannung und emotionale Beteiligung des Zuschauers bleiben nur erhalten, wenn sie sich fortwährend steigern. Die erste Handlung, die der Protagonist in Richtung auf sein Ziel unternimmt, erfordert den geringstmöglichen Aufwand an Energie und Risikobereitschaft. Doch die Wirklichkeit reagiert nicht so, wie der Held das erwartet. Er gerät in *Konflikt* mit der Wirklichkeit, und am Ende dieses Konfliktes hat sich seine Erwartung (und damit die Erwartung des Zuschauers) verändert. Er hat gelernt, daß es mehr Energie braucht und daß er ein größeres Risiko eingehen muß, wenn er sein Ziel erreichen will. Diese Erwartung führt zu einer entsprechend stärkeren Handlung, und diese Handlung führt zu einem entsprechend verstärkten Konflikt. Die Folge Erwartung – Handlung – Konflikt – neue Erwartung – neue Handlung – neuer Konflikt usw. wiederholt sich bis zum Schluß der Geschichte.

Die Erwartungen des Helden verändern sich, seine Handlungen benötigen zunehmend mehr Energie, und die Konflikte verstärken sich.

Je stärker die Handlungen sind und je größer die Widerstände, die der Protagonist zu überwinden hat, desto stärker wird der Protagonist. Dabei darf er den Widerständen nicht aus dem Weg gehen. Er muß kämpfen, um sein Ziel zu erreichen, und sein Charakter muß dabei neue Dimensionen gewinnen.

Der Konflikt steigert sich auf mehrfache Weise:

1. Jeder Konflikt ist stärker als der vorangegangene.
2. Die Situationen lassen immer weniger Wahlmöglichkeiten zu, den Konflikt zu lösen.
3. Immer mehr Figuren sind beteiligt.
4. Der Held ist körperlich und/oder seelisch zunehmend mitgenommen. Auch die anderen Figuren sind von den Ereignissen immer mehr gezeichnet.
5. Der Held tritt immer weiter aus seiner persönlichen Begrenzung heraus und beginnt zunehmend für jedermann zu stehen. Er beginnt für alle Menschen zu sprechen und nicht nur für sich selbst. Er wird zum Archetyp und zur Symbolfigur.

Zeitdruck kann den Konflikt erheblich verschärfen. Vor allem gegen Ende der Geschichte ist der Held oft gezwungen, Konflikte unter Zeitdruck zu lösen (in genau fünf Minuten wird die Bombe explodieren).

Die Forderung nach Konflikt schließt Szenen von Zufriedenheit und Glück nicht aus. Dramatische Wirkung haben ruhige Szenen allerdings nur, wenn sie sich vor einem kon-

fliktgeladenen Hintergrund abspielen. Daher muß dem Zuschauer das Konfliktpotential hinter einer ruhigen Szene
immer bewußt sein.

Alle Konflikte, die während einer Geschichte entstehen,
sollten in der Geschichte auch gelöst werden. Ungelöste
Konflikte vermitteln den Eindruck, daß der Autor seine
Geschichte nicht zu Ende erzählt hat, und hinterlassen einen
unbefriedigten Zuschauer.

Die Handlungen des Helden und die daraus entstehenden
Konflikte dürfen sich nicht ohne Unterbrechung aneinan-
derreihen. Wenn die Spannung ansteigt, ohne von Phasen
der Erleichterung unterbrochen zu werden, wird der Zuschauer das atemberaubende Tempo auf der Leinwand nicht
mithalten können. Er wird sich von der Geschichte distanzieren und emotional nicht mehr beteiligt sein. Zwischen
spannungsgeladenen Konflikten braucht es daher immer
wieder Verschnaufpausen für den Zuschauer, in denen oft
komische Aspekte der Geschichte erzählt werden, oder
Momente, in denen es für den Protagonisten gerade noch
einmal gut ausgegangen ist. Wenn sich der Zuschauer dann
in Sicherheit wiegt und nicht damit rechnet, daß irgend etwas
passiert, ist der erneute Konflikt von erhöhter dramatischer
Wirksamkeit.

Back Story

Bevor die Geschichte anfängt, hat sich viel ereignet, was der
Film nicht zeigt. Diese Ereignisse führen alle zu dem Punkt,
an dem die Geschichte ihren Anfang nimmt (Plot-Beginn).
Der Plot-Beginn kann damit auch als das Ende der Back Story

verstanden werden: der Plot-Beginn ist die zwangsläufige Folge all dessen, was zuvor geschehen ist.

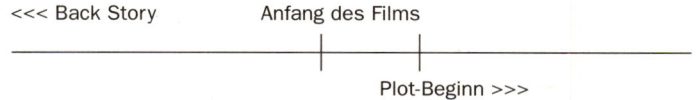

Um eine Geschichte spannend und glaubwürdig erzählen zu können, muß der Autor über die Back Story genauso gut Bescheid wissen wie über die eigentliche Geschichte. Auch wenn er nicht sämtliche Fakten aus der Back Story als Information an den Zuschauer weitergibt: er muß alle Zusammenhänge und Verwicklungen, die zu der Geschichte führen, so genau wie nur irgend möglich kennen. Das gibt ihm die Autorität, die notwendig ist, wenn er die Geschichte glaubwürdig erzählen möchte. Mit den Einzelheiten der Back Story muß der Autor so vertraut sein, als wäre er der Gott der Welt, von der er berichtet. Er muß die verborgensten Winkel der Persönlichkeit seiner Figuren kennen und die Entstehung ihrer geheimsten Wünsche.

Je mehr Back Story vorhanden ist, desto besser. Bildlich kann man sich die Back Story vorstellen wie eine zusammengedrückte Sprungfeder. Je gewichtiger diese Sprungfeder, desto größer ist die aufgestaute Energie. Eine ereignisreiche Back Story gibt dem Plot-Beginn sofort einen hohen Grad an Intensität. Um der Geschichte diesen kraftvollen Anfang zu geben, muß der Autor genau wissen, was sich zehn Minuten, einen Tag, eine Woche, einen Monat, ein Jahr, zehn Jahre zuvor abgespielt hat, bevor die Geschichte beginnt. Er muß die Geschichte seiner Figuren kennen. Er muß wissen, warum sie so sind, wie sie sind, und er muß die Geschichte ihrer Beziehungen kennen.

Ein Film gleicht einem Eisberg: zu sehen ist nur die Spitze. Der Zuschauer ist zwei Stunden lang Zeuge von Phasen aus dem Leben verschiedener Menschen. Der Autor aber muß das ganze Leben seiner Figuren kennen. Von ihrer Kindheit bis zu dem Moment, wo der Film beginnt. Während der gesamten Geschichte wird der Zuschauer langsam mit wichtigen Einzelheiten aus der Vorgeschichte vertraut gemacht. Das geschieht nicht beliebig, sondern immer aus der Notwendigkeit, zu erklären und die Handlung voranzutreiben. Indem die Vorgeschichte so zum notwendigen Bestandteil der Geschichte wird, erhält die Geschichte Glaubwürdigkeit, Bedeutung und Tiefe. Dem Zuschauer wird bewußt, daß die Spitze des Eisbergs, den er sieht, tatsächlich auf einer gewaltigen Basis ruht.

In den Szenen, in denen die Vergangenheit deutlich wird, erhält der Zuschauer durch seine Identifikation mit dem Protagonisten das Gefühl, daß er in das Geheimnis des Lebens der handelnden Personen eingeweiht wird. In den Momenten, in denen sich Gegenwart und Geschichte begegnen und einander erhellen, teilt der Zuschauer das Gefühl des Protagonisten, dem etwas klargeworden ist. Es ist oft das plötzliche Ende einer Blindheit oder Selbsttäuschung. Durch die Augen des Protagonisten sehen wir jetzt seine Vergangenheit, wie sie wirklich ist und wie, als Resultat dieser Erkenntnis, die gegenwärtigen Handlungen verändert werden müssen. Die Frage: »Wer sind die Figuren?« bringt einen automatisch zu deren Vorgeschichte. Während der Arbeit an der Story Outline wird der Autor daher immer auch an der Back Story arbeiten. Dazu gehört die Arbeit an den Biographien von drei bis fünf Hauptfiguren (1 bis 5 Seiten) sowie an der Biographie ihrer Beziehungen. So eine Biographie ist kein Lebenslauf über Schulen, Karrieren etc. Eine Back-Story-Biographie erfaßt alle Teile aus dem Leben einer Figur, die sie zu dem gemacht haben, was sie heute ist. Es ist vor allem eine Biographie der Emotionen, eine emotionale Back Story, die sich zusammensetzt aus den Momenten, die die Figur in ihrer Gefühlsstruktur geprägt haben.

DIE STRUKTUR

Ein Drehbuch ist Struktur.

William Goldman, Drehbuchautor

1. AKT

Die Grundstruktur jeder Geschichte ist einfach: Anfang, Mitte und Ende. Wir können diese drei Abschnitte auch als drei Akte bezeichnen. Ihre unterschiedlichen Funktionen hat der Autor Ben Hecht so beschrieben: »Im ersten Akt läßt man einen Mann eine Palme hinaufklettern. Im zweiten Akt schmeißt man Steine nach ihm, und im dritten Akt holt man ihn wieder von der Palme herunter.« Im 1. Akt wird die Geschichte aufgebaut (die drei Konfliktebenen entstehen), im 2. Akt wird sie entwickelt (die Konflikte intensivieren sich), im 3. Akt gelöst (die Konflikte werden entschieden). Beim Aufbau, der Entwicklung und der Lösung einer Geschichte sind unterschiedliche Aufgaben zu erfüllen. Sie bestimmen die Länge der einzelnen Akte. Ein Drehbuch für einen Spielfilm von 120 Minuten ist etwa 120 Seiten lang. Die Länge des 1. Aktes beträgt durchschnittlich 30 Seiten, der 2. Akt ist etwa 60 Seiten lang, und der 3. Akt hat noch einmal 30 Seiten.

Diese Einteilung ist natürlich nur eine Faustregel, an die sich der Autor nicht seitengenau zu halten braucht. Die Geschichte selbst muß die Länge der einzelnen Akte bestimmen und nicht irgendein Drehbuchrezept. Die 1/4-2/4-1/4-Regel kann aber grundsätzliche Strukturschwächen auf-

69

Aufbau	Entwicklung	Lösung
1. Akt	2. Akt	3. Akt
(ca. 30 Seiten)	(ca. 60 Seiten)	(ca. 30 Seiten)

decken. Wenn zum Beispiel ein Drehbuch zu 2/4 aus dem Aufbau der Geschichte besteht, dann stimmt mit Sicherheit etwas mit der Struktur nicht. In der Story Outline gliedert der Autor die Bilder, Ereignisse und Handlungen so, daß Aufbau, Entwicklung und Lösung der Geschichte klar aufeinander folgen. Zur Lösung kann es erst kommen, wenn die Geschichte voll entwickelt ist, und die Entwicklung kann erst einsetzen, wenn die Geschichte korrekt aufgebaut ist. Dabei geht es nicht nur darum, Ereignisse so zu erzählen, wie sie sich vielleicht abgespielt haben könnten. Aufbau, Entwicklung und Lösung müssen vor allem so strukturiert sein, daß sie einen maximalen dramatischen Effekt erzielen.

Ein Film filtert also Drama aus der Wirklichkeit. So ist eine Filmgeschichte immer verdichtete Wirklichkeit, niemals eine Abbildung. Eine Filmstory ähnelt der Wirklichkeit, sie »verbessert« das wirkliche Leben. Sie entwickelt sich logisch, bringt Ordnung ins Chaos und ist von Anfang bis Ende geplant und strukturiert. Alles, was im Film erzählt und gezeigt wird, muß in direktem Zusammenhang mit der Geschichte stehen. Andere Begebenheiten gehören nicht in den Film.

Set up

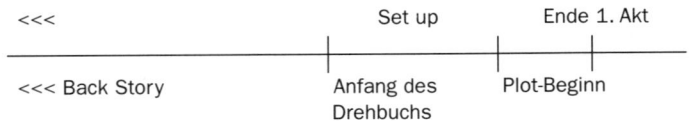

<<<		Set up	Ende 1. Akt
<<< Back Story		Anfang des Drehbuchs	Plot-Beginn

Viele Drehbücher haben Schwierigkeiten mit dem Anfang. Oft liegt das daran, daß sie ganz einfach zu früh beginnen. Der Set up ist zu langatmig, er enthält umständliche Erklärungen und zu viel unnötige Back Story.

Es ist wichtig, klar zu trennen zwischen der Geschichte, die erzählt werden soll, und der Vorgeschichte (Back Story), die sich ereignet hat, bevor die eigentliche Geschichte beginnt.

Der Autor muß diese Back Story kennen; erzählen darf er im Set up davon nur, was unbedingt notwendig ist, um den Plot-Beginn zu verstehen. Um seine Zuschauer zu fesseln, muß der Autor so rasch wie möglich in die Geschichte springen. Je eher der Plot-Beginn gesetzt werden kann, desto besser. Gutes Schreiben verschwendet keine Zeit damit, die Geschichte auf den zentralen Konflikt zusteuern zu lassen. Natürlich darf ein Film auch nicht zu spät beginnen. Wenn etwas, was für die Geschichte von grundlegender Bedeutung ist, vor dem Anfang des Films passiert, dann ist das für den Zuschauer verwirrend. Wenn er die Handlung nicht versteht, weil ihm wichtige Informationen fehlen, wird er auch emotional keinen Zugang zu der Geschichte finden.

Um den richtigen Anfang zu finden, muß man experimentieren.

Die Back Story mag der Set up nebenbei erzählen, doch das ist nicht seine Hauptaufgabe. Der Set up ist ein Nukleus der Intensität. Protagonist, Antagonist, Ziel und Plot-Beginn sollten so nahe wie möglich beieinander liegen. Der Set up gibt dem Zuschauer Informationen über die Welt, in der die Geschichte spielt, die Gesetze dieser Welt, die Machtverhältnisse und über die Person und die Lebenssituation des Protagonisten.

Im Set up wird bestimmt, was in der Welt der Geschichte möglich ist und was nicht.

In einer Gespenstergeschichte sind andere Dinge als in einem Krimi oder in einer Science-fiction-Story möglich. Der Zuschauer ist vorbereitet, so ziemlich alles zu akzeptieren, was wahr ist im Kontext der Geschichte. Dieser Kontext und damit die Welt der Möglichkeiten wird im Set up festgelegt. Im Set up wird das Glaubenssystem der Welt des Films etabliert. Nachdem die Welt und ihre Gesetze im Set up definiert sind, müssen sie den ganzen Film hindurch konstant bleiben. Wird diese Konstanz unterbrochen, verlieren die Zuschauer den Glauben an die Geschichte. Neben der Frage nach der Welt der Geschichte und ihren Gesetzen beantwortet der Set up folgende Fragen:
– Wo und wann spielt die Geschichte?
– Wer ist der Protagonist?
– Was ist sein Ziel?

Möglich ist auch, daß wir im Set up etwas über den Antagonisten erfahren und über den sich anbahnenden zentralen Konflikt. Von Anfang an steuert der Set up auf dem kürzestmöglichen Weg auf den Plot-Beginn zu. In dieser kurzen Zeit müssen wir den Protagonisten sehr gut kennenlernen. Wir müssen wissen, wie er handelt und wer er ist. Wir beginnen zu erkennen, was er will, und wir sehen die Probleme, vor denen er steht.

Der Plot-Beginn wird gesetzt, sobald es dem Zuschauer möglich ist, emotional darauf zu reagieren. Er passiert, sobald die Figuren bereit sind, sich selbst und den zentralen Konflikt zu ergründen.

72

Kann der Plot-Beginn nicht innerhalb der ersten zehn Seiten gesetzt werden, muß der Autor mit einem kleineren Konflikt beginnen. Er muß einen Subplot, einen Nebenstrang der Geschichte, erzählen, der die Aufmerksamkeit des Zuschauers fesselt, bis der Plot-Beginn den zentralen Konflikt auslöst. Um den Plot-Beginn als solchen zu verstehen, muß der Zuschauer den Protagonisten und dessen Welt genau genug kennen, um zu wissen, daß an diesem Punkt etwas geschieht, was den Gleichgewichtszustand der Welt, die er eben kennengelernt hat, aus der Balance wirft. Der Zuschauer muß wissen: jetzt beginnt die Geschichte, und sie kann nicht aus sein, bevor der Gleichgewichtszustand des Anfangs auf einer neuen Ebene wiederhergestellt ist.

Der Hook

Ganz am Anfang des Films steht der *Hook*. *Hook* bedeutet Angelhaken, und damit ist die dramaturgische Funktion präzise beschrieben. Der Hook soll den Zuschauer »angeln«. Wie ein Fisch aus dem Wasser soll der Zuschauer aus seinen alltäglichen Gedanken herausgerissen werden, hinein in die Welt des Films. Ein guter Hook unterbricht mit einem Schlag alles, was der Zuschauer vor Beginn des Films gedacht hat. Damit ist die Voraussetzung geschaffen, daß er mit seiner ganzen ungeteilten Aufmerksamkeit den Vorgängen im Film folgen kann.

Der Hook kann ein Ereignis sein, eine Situation oder eine Figur. Doch wofür sich der Autor auch entscheidet – der Hook funktioniert nur, wenn er etwas Überraschendes zeigt. Um sofort die ganze Aufmerksamkeit des Zuschauers zu gewinnen, zeigt der Hook ein Ereignis, das jenseits der alltäglichen Erfahrung des Zuschauers liegt. Dabei ist jedes denkbare Mittel erlaubt. Alles, was geeignet ist, die Aufmerksamkeit und das Interesse des Lesers zu erregen, ist legitim.

Am besten eignet sich für den Anfang eine Folge von Bildern mit möglichst wenig, vielleicht auch ganz ohne Dialog. Es sollten Bilder von starker suggestiver Kraft sein, Bilder in denen sich die Stimmung der Geschichte ausdrückt. Die Stimmung der Geschichte muß von Anfang an klar sein. Sie muß beständig sein und während des ganzen Films aufrechterhalten bleiben. Viele erfolgreiche Filme beginnen mit Bildern und Bilderfolgen, und manchmal dauert es mehrere Minuten, bevor der erste Dialog einsetzt. Bilder, die nur von Musik oder Geräuschen untermalt sind, haben eine starke hypnotische Kraft und eignen sich sehr viel besser für den Beginn als Dialoge.

Wir dürfen nicht vergessen: unser Ziel ist, die ungeteilte Aufmerksamkeit des Zuschauers zu erlangen. Wir wollen erreichen, daß der Zuschauer seinen eigenen inneren Dialog abbricht. Wir wollen, daß er einfach nur die Geschichte in sich aufnimmt, ohne sich von ihr durch analysierende Gedanken zu distanzieren. Später, wenn die Bilder des Films im Zuschauer lebendig geworden sind, wenn wir ihn neugierig auf die Geschichte gemacht haben, dann wird er Dialogen gerne und mühelos folgen, aber jetzt, ganz am Anfang, sollten wir Dialoge auf ein Minimum reduzieren, oder, noch besser, ganz auf sie verzichten. Jetzt geht es darum, den Zuschauer zu locken und zu verführen.

Es geht darum, daß sich der Zuschauer dem Film öffnet. Die Bilder am Anfang können Handlung zeigen oder auch eine private Szene, die den Protagonisten oder seinen Gegner, den Antagonisten, in einer intimen Situation zeigt, die uns sofort etwas Außergewöhnliches, etwas Interessantes oder etwas Problematisches über seinen Charakter erzählt. Wichtig ist auch, den geeigneten Schauplatz für den Anfang zu finden. Es sollte ein Ort sein, der dem Zuschauer sofort ein Gefühl für die Stimmung der Geschichte vermittelt.

Ein guter Hook bedeutet oft, daß gleich etwas Entscheidendes auf dem Spiel steht (Spannung). Viele Krimis beginnen mit dem Mord, dessen Aufklärung der Inhalt des Films ist, Action-Filme setzen meistens eine turbulente Handlung an den Anfang. Um sofort mit einer Action-Szene beginnen zu können, ist es für dieses Genre legitim, eine Handlung zu zeigen, die stattfindet, bevor die eigentliche Geschichte beginnt. Action-Filme gestatten es, wie in *James-Bond-* oder *Indiana-Jones*-Filmen, eine spannende Aufgabe zu zeigen, die der Held während seines letzten Abenteuers zu lösen hatte.

Die Möglichkeiten, den Anfang des Films so zu gestalten, daß er die Aufmerksamkeit des Zuschauers sofort packt, sind natürlich nicht auf Schießereien, Morde und Verfolgungsjagden begrenzt. Woody Allen beginnt seinen Film *Oedipus Wrecks* mit einer Traumsequenz: er fährt einen Leichenwagen mit dem Sarg seiner Mutter zum Friedhof. Plötzlich hört er die Stimme seiner Mutter, die selbst aus dem Sarg heraus nicht aufhört, ihn herumzukommandieren. Diese Situation ist so komisch und so überraschend zugleich, daß sie sofort die ganze Aufmerksamkeit der Zuschauer fesselt.

Zusammenfassung:
– Der Hook muß etwas Besonderes zeigen.

- Er muß einfach aufzunehmen sein.
- Er muß den Zuschauer gefühlsmäßig vorbereiten auf das, was kommt.

Die ersten zehn Seiten

Produzenten und Regisseure in Hollywood lesen meistens nur die ersten zehn Seiten eines Skripts. Wenn das Skript bis dahin nicht ihre Aufmerksamkeit gefesselt hat, kommt es auf den großen Stapel der Ablehnungen. Aber auch für Lektoren und Dramaturgen, die das ganze Skript lesen müssen, sind die ersten zehn Seiten von besonderer Bedeutung. Während der ersten zehn Seiten trifft der Leser ein spontanes Urteil darüber, ob ihm die Geschichte gefällt oder nicht. Er entscheidet, ob er die Geschichte spannend findet, ob sie ihn langweilt, er entscheidet, ob es eine Mühe sein wird, sie zu lesen, oder ein Genuß. Das erste Drittel der ersten Seite muß den Leser sofort so fesseln, daß er weiterlesen möchte. Wenn er die erste Seite gelesen hat, muß in ihm das Bedürfnis entstanden sein, nach der zweiten Seite umzublättern, dann nach der dritten usw. Sofort muß eine Spannung aufgebaut werden, die nach einer Lösung verlangt. Die Spannung und Neugierde, die auf der ersten Seite aufgebaut wird, darf dann bis zur letzten Seite nicht mehr abreißen. Um sofort Spannung und Neugierde entstehen zu lassen, muß der Autor den Hook so wählen, daß er den Leser sofort mitten in ein interessantes Problem führt, ohne zuvor irgend etwas erklären zu müssen.

Da der Leser die ersten zehn Seiten wesentlich kritischer betrachtet als den Rest, wiegen Fehler am Anfang des Drehbuchs sehr viel schwerer als Schwächen, die später im Skript auftreten.

Aber nicht nur weil Lektoren, Produzenten und Dramaturgen die ersten zehn Seiten besonders kritisch lesen, sind sie so wichtig. Sie sind wichtig, weil hier der Übergang zwischen der Gedankenwelt des Lesers und der Welt der Geschichte stattfindet. Hier entscheidet sich, ob die Bilder des Drehbuchs im Leser lebendig werden oder nicht. Die ersten zehn Seiten sind wie eine Brücke, auf der der Leser in das Reich der Geschichte gelangt. Nur wenn es dem Autor gelingt, diese Brücke richtig zu bauen, wird sich der Leser den Bildern der Geschichte öffnen.

Auf den ersten zehn Seiten muß der Autor dem Leser das Gefühl vermitteln, daß er genau weiß, was er tut. Er muß demonstrieren, daß er die absolute Autorität über die Geschichte besitzt. Er darf keinen Zweifel darüber aufkommen lassen, daß er das Gebiet genaustens kennt, in das er den Leser entführen will. Nur dann wird sich der Leser dem Autor unbesorgt anvertrauen.

Genau wie der Leser trifft auch der Kinozuschauer gleich zu Beginn ein erstes spontanes Urteil: er entscheidet, ob er den Film mag oder nicht. Dieses Urteil prägt seine Einstellung gegenüber dem ganzen Rest des Films. Sicherlich werden die Zuschauer das Kino nicht sofort verlassen, wenn die ersten zehn Minuten des Films nicht funktionieren. Sie werden den Film aber innerlich verlassen, noch bevor er in ihnen lebendig geworden ist. Sie werden sich nicht mehr voll und ganz für ihn öffnen und immer eine gewisse Distanz zu der Geschichte bewahren, auch wenn sie in den folgenden Teilen ohne Schwächen sein sollte.

Die nächsten zwanzig Seiten

Auf den nächsten zwanzig Seiten wird das, was auf den ersten zehn Seiten begonnen wurde, vertieft und weitergeführt. Der 1. Akt hat die Aufgabe, folgende Fragen zu beantworten:

- Wo und wann spielt die Geschichte?
- Wer ist der Protagonist?
- Was ist sein Ziel?
- Welches ist die antagonistische Kraft, die dem Ziel des Protagonisten im Weg steht?
- Was ist das Ziel der antagonistischen Kraft?
- Was ist der zentrale Konflikt?
- Welches sind die Hauptfiguren?
- Wie ist die Stimmung der Geschichte?
- Zu welchem Genre gehört die Geschichte?
- Welches ist der zentrale Konflikt zwischen Protagonist und Antagonist?

Falls der Protagonist noch nicht eingeführt ist, ist jetzt der Moment dazu. Wir müssen den Protagonisten sehr gut kennenlernen, so daß wir wissen, wie er handelt und wer er ist. Wir erkennen jetzt deutlicher, was er will, und wir sehen die Probleme, vor denen er steht.

Auch der Gegenspieler des Protagonisten, die antagonistische Kraft, muß im 1. Akt dargestellt werden. Sowohl das Ziel des Helden als auch das Ziel der antagonistischen Kraft müssen dem Zuschauer spätestens gegen Ende des 1. Aktes klar bewußt sein. Der Zuschauer sollte so früh wie möglich erfahren, welches der zentrale Konflikt ist.

Der Plot-Beginn

Irgendwann im ersten Akt kommt die Geschichte ins Rollen. Das ist der Moment, in dem ein Ereignis eintritt, das das Leben des Protagonisten aus seiner gewohnten Bahn wirft. Der innere oder äußere Gleichgewichtszustand, in dem sich der Protagonist zu Beginn der Geschichte befindet, verändert sich dramatisch. Es ist ein Ereignis, das ihn zum Handeln zwingt. Es ist der wichtigste Moment innerhalb des 1. Aktes: der Plot-Beginn.

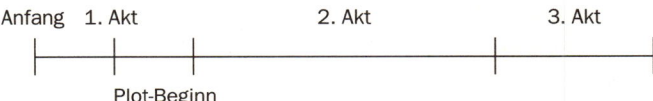

Nach dem Plot-Beginn hat sich das Leben des Protagonisten entweder in positiver oder negativer Weise verändert. Der Zuschauer erwartet jetzt die »obligatorische Szene«. Er weiß, daß der Film nicht zu Ende sein kann, bevor der gestörte Gleichgewichtszustand auf einer neuen Ebene wieder hergestellt ist. Der Plot-Beginn kann durch den Protagonisten selbst ausgelöst sein, es kann aber auch ein Zufall sein oder die Handlung einer Figur in der Nähe des Protagonisten. Der Plot-Beginn ist oft dann am wirksamsten, wenn er durch eine Handlung ausgedrückt wird. (Der Protagonist hat einen Unfall, er trifft einen alten Bekannten etc.) Der Plot-Beginn kann aber auch in einem Dialog enthalten sein. (Der Protagonist erfährt, daß er unheilbar krank ist, daß er den Haupttreffer in der Lotterie gewonnen hat etc.) Oder er besteht in einer Entscheidung des Protagonisten. (Der Protagonist entscheidet sich, sein Dorf zu verlassen, um in New York das große Geld zu machen...)

In vielen Detektivgeschichten beginnt der Plot damit, daß ein Privatdetektiv den Auftrag erhält, ein Verbrechen aufzuklären. In Action-Adventure-Filmen besteht der Plot-Beginn oft darin, daß ein Unrecht geschieht, das geahndet werden muß. In *Der Graf von Monte Christo* wird Edmund Dante unschuldig verurteilt und von seinem Verlangen nach Rache dazu getrieben aus dem Gefängnis auszubrechen. Der Plot von *Beverly Hills Cop* wird ausgelöst durch den Mord am besten Freund des Protagonisten. In Liebeskomödien besteht der Plot-Beginn oft im Wahrnehmen einer außergewöhnlichen, aber zugleich anziehenden Person, in die der Protagonist sich im Lauf der Geschichte verlieben wird.

Der Plot-Beginn ist der Auslöser der Geschichte. Wegen seiner entscheidenden Bedeutung *muß* er auf der Leinwand zu sehen sein. Der Protagonist muß den Plot-Beginn zur Kenntnis nehmen und auf ihn reagieren. Das gibt seinem Handeln von nun an eine ganz bestimmte Richtung. Oft versucht der Protagonist, sein Leben wieder in den Zustand vor dem Plot-Beginn zurückzubringen, doch er muß erfahren, daß das unmöglich ist. Der Protagonist kann jetzt nur noch vorwärts gehen. Der Plot-Beginn hat etwas in Bewegung gesetzt, das nicht mehr rückgängig gemacht werden kann und das Leben des Protagonisten und seinen Charakter im Verlauf der Geschichte mehr und mehr verändert. Der Protagonist ist jetzt gezwungen, zu handeln und alle seine Kräfte, Fähigkeiten, Emotionen usw. auszuschöpfen, um sein Leben wieder in einen neuen Zustand des Gleichgewichts zu bringen.

Der Plot-Beginn löst eine Kette von Ereignissen aus, die sich bis zum Höhepunkt am Schluß der Geschichte im 3. Akt fortsetzen. Eine Folge von Aktion und Reaktion entsteht, die den Ablauf der Geschichte als etwas Zwangsläufiges erscheinen läßt, etwas, das sich so und nicht anders ereignen mußte. Diese Kette von Ereignissen schafft eine direkte kausale Verbindung zwischen dem Plot-Beginn und dem Höhepunkt am Ende.

Am Plot-Beginn entsteht eine Frage. In *E.T.* zum Beispiel reisen die Außerirdischen ab, und *E.T.* bleibt zurück (Plot-Beginn). Damit entsteht die zentrale Frage, die uns den ganzen Film hindurch beschäftigt: Kann E.T. jemals wieder nach Hause zurückkehren? Die Frage, die am Plot-Beginn entsteht, bereitet den Zuschauer auf die »obligatorische Szene« vor, in der die Frage, die der Plot-Beginn aufwirft, beantwortet wird. In *Witness (Der einzige Zeuge)* erhält ein Polizist den Auftrag, einen Mord aufzuklären (Plot-Beginn), und wir fragen, ob es ihm gelingen wird, den Mörder zu stellen. In *Back to the Future (Zurück in die Zukunft)* rast Marty mit einer Zeitmaschine in seine eigene Vergangenheit (Plot-Beginn). Wir fragen uns, ob es ihm gelingen wird, wieder in die Gegenwart zurückzukehren. Wir sehen, daß die Frage, die am Plot-Beginn entsteht, immer auch das Ziel des Protagonisten enthält. Die Frage ist immer konkret, niemals abstrakt oder philosophisch. Sie fragt immer nach dem Protagonisten in einer bestimmten Situation. Es ist *die* dramatische Frage des Films.

Die Antwort auf die Frage, die im Plot-Beginn gestellt ist, schafft einen Konflikt. Durch den Konflikt entsteht Spannung, die durch eine Lösung aufgehoben wird. Doch in der Lösung taucht die Frage des Plot-Beginns in neuer Form wieder auf. Wieder muß eine Antwort gefunden werden, wieder ergibt sich Konflikt, Spannung und Lösung und damit wieder eine neue Frage, bis zum Schluß. Die Frage, die am Plot-Beginn entsteht, wird so in sich wandelnder Form immer wieder von neuem gestellt, bis sie im Höhepunkt endlich ihre letzte und abschließende Antwort findet.

Der Plot-Beginn ist das einzige Ereignis, das den Gesetzen der Welt, in der die Geschichte spielt, widersprechen darf. Der Zuschauer ist bereit, in dem Moment, in dem die Geschichte beginnt, seinen Unglauben zu vergessen (die Zeitmaschine in *Back to the Future*). Nach diesem einen Ereignis muß sich die Geschichte aber logisch und ohne Sprünge weiterentwickeln. Wenn nach diesem ersten Ereignis weitere Dinge passieren, die die logischen Gesetze oder die Naturgesetze der Welt der Geschichte auf den Kopf stellen, dann verliert die Geschichte ihre Glaubwürdigkeit und der Film seine Zuschauer.

Die Plot Points – Ende des 1. und 2. Aktes

Eine Geschichte, die sich von Anfang bis Ende geradlinig entwickelt, wird vorhersehbar und verliert an Spannung. Wendepunkte, die die Geschichte in eine neue Richtung lenken, erhalten die Spannung und geben ihr neue Energie. Solche Wendepunkte können sich innerhalb der Geschichte überall und jederzeit ereignen. Kleinere Wendepunkte kommen in den meisten Geschichten vor.

Jeder gute Film besitzt mehrere davon. Positive oder negative Erwartungen des Zuschauers erfüllen sich an diesen Stellen nicht, und der Zuschauer ist gespannt auf das, was kommt.

Unter den verschiedenen Wendepunkten gibt es zwei, die eine besondere Bedeutung haben: die *Plot Points*. Das sind der Höhepunkt am Ende des 1. Aktes (Plot Point 1) und der Höhepunkt am Ende des 2. Aktes (Plot Point 2). Diese beiden Wendepunkte sind für die Struktur der Geschichte von entscheidender Bedeutung: an beiden Stellen nimmt die Geschichte eine Wendung, die für den ganzen darauffolgenden Akt bestimmend ist.

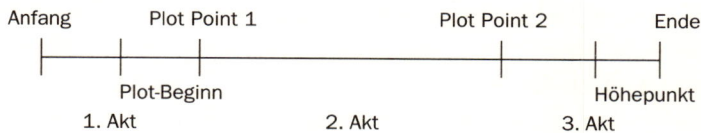

Beide Wendepunkte haben unterschiedliche Auswirkungen: Plot Point 1 führt zur Konfrontation im 2. Akt. Plot Point 2 führt zum Höhepunkt und zur Lösung im 3. Akt. Jedesmal wendet sich die Geschichte, indem der Protagonist vor eine neue, unbekannte Situation gestellt wird. Die neue Situation kann entstehen durch eine neue Information, eine Ortsveränderung, durch eine Änderung im Verhalten der antagonistischen Kraft etc. Die äußere Motivation des Protagonisten ändert sich, und seine Reaktion gibt seinem Handeln eine neue Richtung. Um mit der neuen Situation fertig zu werden, muß der Protagonist seinen Einsatz erhöhen. Er muß neue Kräfte mobilisieren und neue Eigenschaften entwickeln. Damit erhöht sich die Spannung, und der 2. und 3. Akt können auf einem neuen Spannungsniveau beginnen.

Plot Point 1 ereignet sich üblicherweise nach etwa einer halben Stunde Film, also nach ca. 30 Drehbuchseiten. In *Witness (Der einzige Zeuge)* erkennt ein Polizist, daß sein Chef in den Mordfall verwickelt ist, den er aufklären soll, und er beschließt, auf die Farm einer Sekte zu fliehen. In *BIG* beschließt ein kleiner Junge, der sich in einen Erwachsenen verwandelt hat, nach New York zu gehen, um den Zauber rückgängig zu machen. In *Rain Man* beschließt ein junger Mann, seinen Bruder zu entführen, um seinen Erbteil zu sichern. In *Back to the Future (Zurück in die Zukunft)* rast Marty mit einer Zeitmaschine in die Vergangenheit, dem Schauplatz des 2. Aktes.

Plot Point 2 ereignet sich um Seite 90 herum. In *BIG* erfährt der kleine Junge, wie er den Zauber lösen kann, in *Witness* gerät der Polizist in eine Schlägerei, und sein Chef erfährt, wo er steckt. In *Back to the Future* entdeckt Marty, wie er in die Gegenwart zurückkommen kann.

2. AKT

Was im 1. Akt (Set up, Plot-Beginn, Plot Point 1) aufgebaut wurde, wird jetzt im 2. Akt entwickelt. Der Hauptstrang der Geschichte (Plot) kann sich entfalten. Die Nebenstränge (Subplots), die im 1. Akt nur angedeutet waren bzw. oft erst im 2. Akt beginnen, bekommen jetzt Farbe und Form. Während des 2. Aktes lernen wir die Person des Protagonisten immer besser kennen. Plot und Subplots zeigen uns, wie er fühlt und handelt. Die meisten Handlungen und Konflikte, die sich im 2. Akt in Subplots entwickeln, sind schon im 1. Akt angelegt. Was der Zuschauer im 1. Akt ahnen konnte, wird jetzt deutlicher: wir erkennen immer klarer, vor welchen Schwierigkeiten, Aufgaben und Konflikten unser Protagonist wirklich steht. Plot Point 1 hat den Protagonisten vor eine vollkommen neue und unbekannte Situation gestellt. Auf die neue Situation reagiert der Protagonist mit alten Mustern, die jetzt nicht mehr funktionieren. Das führt zu Konflikten und Schwierigkeiten auf allen Ebenen. Der 2. Akt führt den Protagonisten vom Nicht-wahrhaben-Wollen seiner Lage über Ärger zu Verzweiflung bis zum Akzeptieren seiner Situation und zum Kampf für sein Ziel. Die Hindernisse nehmen zu, doch der Protagonist macht sich nicht mehr zu deren Opfer, sondern begreift sie als Herausforderung. Während ihn die Hindernisse anfangs geschwächt haben, machen sie ihn jetzt stärker. Während sich Risiko und Einsatz des Protagonisten erhöhen, verringert sich seine Naivität. Er sieht jetzt klarer, auf was er sich eingelassen hat. Er ist konfrontiert mit der Erkenntis, wie schwierig es tatsächlich ist, sein Ziel zu erreichen. Seine verringerte Naivität gibt ihm die Möglichkeit, die Hindernisse, die sich jetzt zunehmend vergrößern, zu meistern. Bis zur Mitte des 2. Aktes hat der Protagonist drei Dinge gelernt:

– Er ist aus der alten Welt herausgewachsen und weiß, daß es kein Zurück mehr gibt.
– Er begreift, daß er seinem äußeren Ziel näher kommt, indem er sich innerlich ändert.
– Er hat gelernt, die Schritte zu unternehmen, die notwendig sind, um Erfolg zu haben.

Immer wieder wird der Protagonist auf die Probe gestellt. Doch obwohl alles gegen ihn steht, läßt er nicht von seinem Ziel ab. Die Widerstände führen dazu, daß er sich noch tiefer darauf einläßt, sein Ziel zu erreichen. Er muß jetzt mit ganzem Herzen ja sagen zu dem Ziel, das er verfolgt. Seit dem Beginn der Geschichte hat sich der Protagonist geändert, und die Umstände haben sich geändert. Es steht jetzt sehr viel mehr auf dem Spiel. Um auf sein Ziel zugehen zu können, gibt der Protagonist mehr und mehr das auf, was er zu Beginn der Geschichte war. Gegen Ende des 2. Aktes werden die Hindernisse schier unüberwindlich. Der Protagonist gibt jetzt oft das Ziel auf, dem er sich in der Mitte schon so nahe glaubte. Doch indem er seinen Traum aufgibt, kann dieser sich erst in Wirklichkeit verwandeln. Der Protagonist kann jetzt klarer sehen, wie sein Ziel »wirklich« aussieht. Am Ende des 2. Aktes entdeckt der Protagonist die innere Schwäche, die ihn von der Lösung des Konflikts abgehalten hat. Das gibt ihm neue Kraft für den 3. Akt.

Bei allen Subplots und Nebenhandlungen darf die Entwicklung des zentralen Konflikts niemals vernachlässigt werden. Die Auseinandersetzung zwischen den Protagonisten und der antagonistischen Kraft ist die tragende Handlung des 2. Aktes. Immer neue Komplikationen und Verwicklungen entstehen. Besorgnis wechselt mit Erleichterung, und der Protagonist gerät in eine immer schwierigere Lage. Gegen Ende des 2. Aktes erlebt der Protagonist seinen schwärzesten Moment. Er ist jetzt am weitesten davon entfernt, sein Ziel zu erreichen. Wieder helfen alte Muster nicht weiter, und er muß sich überwinden und sich verändern, wenn er sein Ziel doch noch erreichen will. Da sich die Lage des Protagonisten im 2. Akt grundsätzlich erschwert, wird er auch der »Akt der Komplikationen« genannt.

Am Ende des 2. Aktes steht *Plot Point 2,* ein weiterer grundlegender Wendepunkt in der Geschichte. Diese Wende führt dazu, daß die Geschichte jetzt zwangsläufig und mit sich steigerndem Tempo auf die Krise und den Höhepunkt am Schluß zusteuert.

3. AKT

Vom Anfang der Geschichte steigt die dramatische Spannung langsam bis zum Plot Point 1. Am Anfang des 2. Aktes sinkt die Spannung zunächst einmal ab und baut sich dann langsam auf, bis sie im Plot Point 2 einen zweiten Höhepunkt erreicht. Im 3. Akt schließlich steigert sich die Spannung sehr rasch. Ein zügiger, fast geradliniger Anstieg der Spannung führt vom Plot Point 2 zur Krise und zum Höhepunkt der Geschichte. Die Phasen zwischen positiven und negativen Erfahrungen des Protagonisten – die Phasen zwischen Besorgnis und Entspannung beim Zuschauer – werden im Verlauf der Geschichte immer kürzer. Besonders im 3. Akt sollten die negativen und positiven Erfahrungen des Protagonisten sehr rasch aufeinanderfolgen und damit den Zuschauer emotional stärker packen.

Der Protagonist hat immer weniger Wahlmöglichkeiten. Er hat keine Alternative mehr: er muß seine innere Schwäche überwinden und kämpfen.

Der 3. Akt ist meist der kürzeste von allen. Hier muß nichts mehr aufgebaut, entwickelt oder erklärt werden. Plot Point 2 ist wie ein Dammbruch. Danach entwickelt sich die Handlung zwangsläufig, und nichts ist in der Lage, sie umzuleiten, zu bremsen oder aufzuhalten. Nach Plot Point 2 steigert sich das Tempo gewaltig. Alles ereignet sich jetzt Schlag auf Schlag. Die Szenen werden kürzer und folgen schneller aufeinander, Plot und Subplots verwickeln sich mehr und mehr. Die Intensität der wechselnden Erfahrungen des Protagonisten spitzt sich dramatisch zu, und der Konflikt mit der antagonistischen Kraft verschärft sich.

Gefühlsmäßige Beteiligung und Spannung beim Zuschauer

steuern auf einen Höhepunkt zu. Dialoge sollten jetzt so kurz wie möglich gehalten werden. Sie bremsen das Tempo und sind der Handlung, die in Bildern gezeigt wird, an suggestiver Kraft bei weitem unterlegen. Im 3. Akt steigert sich die Intensität der Handlung wie in einem rasanten Tanz. Das gesteigerte Tempo und die zunehmenden Verwicklungen geben dem Zuschauer einen Hinweis darauf, daß der Höhepunkt kurz bevorsteht.

Die Krise

Am Ende des 3. Aktes, kurz vor dem Höhepunkt, befindet sich die letzte und alles entscheidende Krise. Der Protagonist steht der antagonistischen Kraft, Angesicht zu Angesicht, gegenüber. Für den Protagonisten geht es jetzt um alles oder nichts. In der Krise muß er eine Entscheidung treffen über seine letzte Handlung. In diesem Moment liegen Gefahr und Möglichkeit, der Protagonist steht zwischen Katastrophe und Erfolg, er selbst bestimmt mit seiner Entscheidung über seinen Sieg oder Untergang.

Die Entscheidung, die der Protagonist in der Krise trifft, ist die letzte und wichtigste moralische Entscheidung der Geschichte. Die Krise erlaubt es uns, einen tiefen Blick in das Herz des Protagonisten zu tun. Der Protagonist ist jetzt gezwungen, sich voll und ganz zu offenbaren. Diese Offenbarung kann eine allerletzte Fähigkeit des Protagonisten zeigen, eine Begebenheit aus seiner Vergangenheit kann aufgedeckt werden, oder eine unbekannte Charaktereigenschaft des Protagonisten kann zum Vorschein kommen. Natürlich müssen alle diese Dinge vorgezeichnet sein, um glaubhaft zu wirken. Die Offenbarung des Protagonisten ist aktiver Art. Sie geht hervor aus dem letzten Kampf des Protagonisten, der in der Krise mit sich selbst kämpft – gegen seinen bevorstehenden Untergang. Die letzte Veränderung, die der Protagonist durchlebt, drückt sich in der Entscheidung aus, die der Protagonist in der Krise trifft.

Die letzte Krise, dieser wichtigste Moment in der Entwicklung des Protagonisten, sollte ausgedehnt werden, so lange es geht. Der Moment der Krise, der Moment der Entscheidung, stoppt den Fluß der Handlung. Die Krise ist wie ein Damm, der Spannung und Gefühle staut, bevor sie sich im Höhepunkt entladen.

Höhepunkt

In seinem dramatischen Aufbau ähnelt der Film einer Kurzgeschichte. Er erzählt eine Idee, die ihren Höhepunkt am Schluß erreicht, wenn die Handlung den höchsten Punkt der dramatischen Kurve erreicht hat.

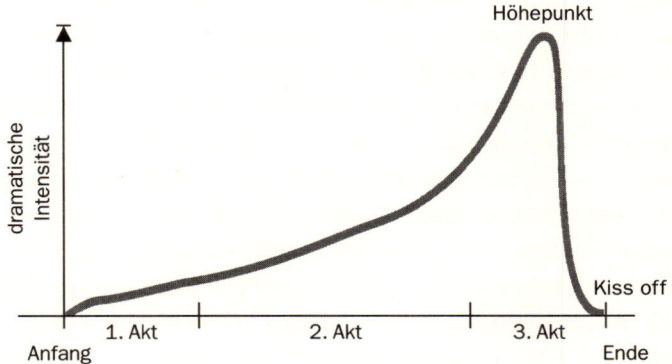

Der Höhepunkt ist die Stelle, an der die Antwort auf die zentrale dramatische Frage erfolgt, die im Plot-Beginn im 1. Akt zum ersten Mal gestellt wurde; gleichzeitig löst sich der zentrale Konflikt zwischen dem Protagonisten und der antagonistischen Kraft. Die aufgestaute Spannung aus den sich ständig verschärfenden Situationen im 3. Akt explodiert. Mit dieser Explosion kommt es zu einem neuen Gleichgewicht auf einer neuen Ebene.

Der Höhepunkt und das damit verbundene Gefühl ist das, was der Zuschauer mit nach Hause nimmt. Diese letzten Bilder der Geschichte sollten daher visuell besonders attraktiv sein. Im Höhepunkt macht der Film oft auch seine Aussage, und damit wird er zur inhaltlich bedeutendsten Stelle des Films. Jetzt nimmt die antagonistische Kraft ihre letzte und eindeutige Form an. Alles wird jetzt klar: die wahre Natur des Protagonisten und des Antagonisten offenbaren sich. Keine Szene im Drehbuch bedeutet eine größere Herausforderung für den Protagonisten als Krise und Höhepunkt. Alle Bemühungen des Protagonisten haben dazu geführt, daß sich der Höhepunkt ereignet, und er steht jetzt vor der Lösung des zentralen Konfliktes. Die Lösung erfordert eine letzte Konfrontation zwischen Protagonist und Antagonist. Bleibt die Konfrontation im Höhepunkt aus, dann hinterläßt das oft ein unbefriedigtes Gefühl beim Zuschauer. Das Ende erscheint schwach und der Geschichte nicht entsprechend.

Die Aussicht auf die letzte und entscheidende Konfrontation der unvereinbaren Gegensätze ist ein phantastisches Lockmittel, dem der Zuschauer wie der Esel der Karotte durch den ganzen Film folgt. Bedienen wir uns dieses Lockmittels nicht, berauben wir uns einer äußerst wirksamen dramatischen Technik. Gebrauchen wir aber dieses Lockmittel, ohne die Konfrontation am Ende auch zu zeigen, dann fühlt sich der Zuschauer an der Nase herumgeführt. Es entsteht der Eindruck, daß der Autor etwas ganz Entscheidendes ausgelassen hat. Derselbe Eindruck entsteht, wenn der Film vor dem Höhepunkt aufhört. Ist die Frage nach der Lösung des zentralen Konflikts nicht beantwortet, hat der Autor seine Aufgabe nicht erfüllt. Der Autor hat Probleme geschaffen und war nicht in der Lage, sie zu lösen.

Genauso wie der Plot-Beginn muß auch der Höhepunkt auf der Leinwand zu sehen sein. Ein Höhepunkt, der im Kopf des Protagonisten stattfindet oder den wir durch Dritte in Dialogform mitgeteilt bekommen, ist undramatisch und eignet sich nicht für einen Film. Genauso ungeeignet ist ein Höhepunkt, bei dem sich Protagonist und Antagonist auf einen Kompromiß einigen. Wenn zwischen den beiden Kräften ein Kompromiß möglich ist, dann hat der dramatischen Handlung zuvor jede Grundlage gefehlt. Dramatisch interessant wird eine Handlung nur deshalb, weil die Geschichte immer klarer zeigt, daß ein Kompromiß unmöglich ist. Wir erinnern uns: Drama entsteht dadurch, daß zwei *unvereinbare* Gegensätze miteinander in Konflikt geraten.

Damit die Intensität der Gefühle bis zum Schluß anwachsen kann, müssen die Gefühle des Zuschauers vor allem gegen Ende der Geschichte in ständiger Bewegung gehalten werden. Dazu gehört, daß der Höhepunkt des 2. Aktes (Plot Point 2) und der Höhepunkt am Ende der Geschichte von ihrer Gefühlsqualität her so weit wie möglich voneinander entfernt sind. Oft stehen die beiden Höhepunkte miteinander in Gegensatz. Ist der Höhepunkt des 2. Aktes negativ, dann ist der Höhepunkt des 3. Aktes positiv und umgekehrt.

Jede Handlung oder Entscheidung innerhalb der Geschichte

ist ein Schritt in Richtung auf den Höhepunkt. Alle diese Handlungen und Entscheidungen lösen Ahnungen aus, die auf den Höhepunkt gefühlsmäßig vorbereiten. Der Zuschauer ahnt, was ihn am Ende der Geschichte erwartet, und der Autor muß die Ahnungen, die er geweckt hat, erfüllen.

Jede Geschichte erweckt entweder den Appetit auf ein Happy-End, ein Bitter-sweet-Ending oder auf ein tragisches Ende. Dieser Appetit, diese Gefühle des Zuschauers müssen befriedigt werden. Der Autor muß dem Zuschauer den Höhepunkt geben, auf den er ihn vorbereitet hat. Die konkrete Form, in der sich die Geschichte dann tatsächlich löst, darf der Zuschauer aber auf keinen Fall vorausahnen. Der Höhepunkt gibt dem Zuschauer, was er wünscht, aber nicht auf die Art und Weise, wie er es erwartet hat. Der Zuschauer möchte ein Ende sehen, das er sich selbst nicht hätte vorstellen können. Bis zum Höhepunkt muß der Autor den Zuschauer in Ungewißheit darüber lassen, wie der Höhepunkt konkret aussieht. Je größer die Überraschung am Ende, um so besser.

Die Frage, wer in dem Konflikt zwischen Protagonist und antagonistischer Kraft die Oberhand behält, wird während der Geschichte immer wieder neu gestellt und immer wieder unterschiedlich beantwortet. Manchmal sieht es so aus, als ob der Protagonist gewinnt, manchmal scheint er zu verlieren. Wie sich der zentrale Konflikt löst, sehen wir erst ganz am Schluß, wenn sich im Höhepunkt zeigt, wer den Kampf tatsächlich gewinnt. Wenn der Antagonist während des Films dominiert und der Protagonist erst am Schluß triumphiert, wirkt sein Sieg dadurch besonders eindrucksvoll. Es ist aber auch möglich, daß der Protagonist den Antagonisten besiegt, während sich schon wieder neue gegnerische Kräfte formieren, die unseren Helden bedrohen. Dann haben wir einen ironischen Schluß: der Protagonist gewinnt einerseits und verliert andererseits, und beim Zuschauer entsteht das Gefühl: genau wie im wirklichen Leben.

Manchmal stehen Autoren vor dem Problem, daß sie ihren Helden in eine aussichtslose Lage manövriert haben, aus der sie ihn beim besten Willen im Höhepunkt nicht mehr befreien können, obwohl die Geschichte ein positives Ende verlangt. Es gibt eine hilfreiche Technik, eine derartige Situation zu meistern. Der Autor muß zurückgehen in den 1. oder in den Anfang des 2. Aktes und dorthin eine Information oder ein Ereignis stellen, aufgrund dessen es dem Protagonisten gelingt, den Höhepunkt doch noch siegreich zu überstehen.

Kiss of

Im Höhepunkt oder kurz davor sollten alle offenen Fragen gelöst sein. Lose Plot-Enden und offene Subplots nach dem Höhepunkt sollte der Autor nach Möglichkeit vermeiden. Sind alle offenen Fragen gelöst, schließt sich oft noch der Kiss off an. Er zeigt die Auswirkungen des Höhepunktes, gibt dem Zuschauer Gelegenheit, sich zu erholen, und läßt den Film langsam ausklingen.

Manche Autoren versuchen, im Kiss off eine Verbindung zur Szene am Anfang des Films herzustellen. Ein Film, der zum Beispiel am selben Ort endet, wo er begonnen hat, vermittelt den Eindruck von Ganzheit, den Eindruck einer »runden« Geschichte.

DRAMATURGISCHE DETAILS

Woran man immer denken muß, sind die
Details. Es sind die Details, die deine Ge-
schichte überzeugend machen.
Quentin Tarantino, Autor und Regisseur

Die Nebenfiguren

Jeder Protagonist ist umgeben von Nebenfiguren. Einige
davon sind wichtiger als andere, das sind die Figuren, mit
denen der Protagonist emotional verbunden ist. Um die Geschichte klar zu halten, sollte es von diesen Figuren nicht
mehr als vier, maximal fünf geben.

In vielen Filmen erfüllen diese Figuren ganz bestimmte
dramatische Aufgaben:

– Der »Verbündete« des Protagonisten wird oft eingeführt,
um dem Protagonisten die Möglichkeit zu geben, über
seine Gedanken und Gefühle zu sprechen. Selbstgespräche
des Helden, die immer unbeholfen wirken, können damit
vermieden werden.

– Die »Geliebte« des Protagonisten enthüllt die Seiten seiner
Psyche, die durch den zentralen Konflikt allein nicht deutlich werden.

– Der »Catalyst Character« zwingt den Protagonisten mit seinen Informationen oder Handlungen zur Entscheidung.

– Die »thematische Figur« stellt oft einen weisen, übergeord-
neten Standpunkt dar, der von den unmittelbaren Verwicklungen der Geschichte losgelöst ist. Oder sie nimmt
einen skeptischen Standpunkt zu den Ereignissen ein. Der

skeptische Standpunkt hilft bei Geschichten, die es schwer haben, glaubwürdig zu erscheinen.

Damit ist die Skepsis des Zuschauers durch eine Figur im Film dargestellt, ist Teil der Geschichte und arbeitet nicht gegen sie.

– Die »komische Figur« erweitert die Geschichte um die Dimension Humor. Diese Figur löst durch ihre Handlungen Lacher aus an den Stellen, an denen sich die Spannung der Zuschauer angestaut hat, die jedoch durch den Plot nicht sofort gelöst werden kann.

Je größer die Unterschiede zwischen den Figuren sind, um so besser. Die Figuren sollten sich körperlich, in ihren Weltanschauungen und in ihrem äußeren Erscheinungsbild unterscheiden. Ihre Eigenschaften, ihre Verhaltensweisen, ihre Interessen, ihre Ziele, ihre Möglichkeiten und ihre Herkunft sollten so verschieden wie nur irgend möglich sein. Die Unterschiede vermitteln einprägsamere Charaktere und erhöhen das Konfliktpersonal; vor allem, wenn eine komplizierte Geschichte erzählt werden soll, sind klar und deutlich gezeichnete Nebenfiguren besonders wichtig. Sie führen den Zuschauer mühelos durch die komplexesten Verwicklungen, indem sie seine Aufmerksamkeit fesseln und dafür sorgen, daß seine Konzentration nicht nachläßt.

Das emotionale Netzwerk zwischen den Figuren ist vom Anfang bis zum Schluß in ständiger Veränderung. Im Idealfall steht jede der wichtigen Nebenfiguren mit allen anderen in einer klar definierten emotionalen Beziehung. Das folgende Beispiel zeigt ein solches emotionales Netzwerk.

Nehmen wir an, wir haben folgende Figuren: Protagonist, Antagonist und die Nebenfiguren A, B und C.

Wenn zwischen allen Beteiligten wechselseitige emotionale Beziehungen bestehen, sieht das emotionale Netzwerk so aus:

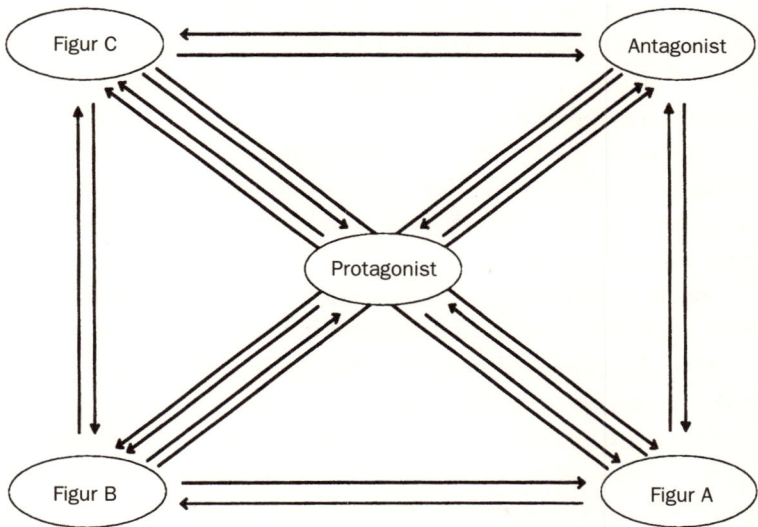

Die Linien repräsentieren die emotionalen Beziehungen, die die Figuren miteinander verbinden. Die Emotionen zwischen den Figuren verändern sich während der Geschichte sowohl in ihrer Intensität als auch in ihrem Inhalt. Es ist die Dynamik zwischen den Figuren, die sowohl sie selbst als auch die Geschichte zum Leben erweckt.

Die einzige Figur, die mit allen anderen in einer emotionalen Beziehung stehen *muß,* ist der Protagonist. Figuren, die keine emotionale Beziehung mit dem Protagonisten verbindet, gehören nicht zum Kreis der wichtigen Nebenfiguren. Emotionale Beziehungen der Nebenfiguren untereinander sind nicht unbedingt notwendig, damit die Geschichte funktioniert. Doch je mehr emotionale Verbindungen die Figuren miteinander haben, desto interessanter wird die Geschichte. Emotionale Veränderungen zwischen zwei Figuren haben immer auch Auswirkungen auf alle anderen Figuren, mit denen sie emotional verbunden sind. Das Konfliktpotential wächst dadurch enorm, und das steigert die Dynamik, das Leben und die Spannung der Geschichte.

Der Autor muß über die Nebenfiguren sehr viel mehr wissen, als im Film gezeigt wird. Je genauer er ihre emotionale Back Story kennt, um so glaubwürdiger kann er seine Figuren darstellen.

Um die Geschichte nicht unnötig zu komplizieren, sind die Nebenfiguren einfach gekennzeichnet. Sie sind in ihrer Motivation leicht zu durchschauen. Die einzige Ausnahme mag der Antagonist sein. Er ist manchmal ein wenig komplexer, doch seine inneren Widersprüche lernen wir bei weitem nicht so genau kennen wie die des Protagonisten. Eindeutigkeit der Nebenfiguren bedeutet nicht, daß sie immer auf dieselbe Art und Weise reagieren sollten. Das wäre dramatisch sehr uninteressant.

Genau wie der Protagonist sollten die Nebenfiguren nicht immer so handeln, wie man es von ihnen erwartet. Neue, unbekannte Eigenschaften müssen sich allerdings schon vorher ankündigen. Eine plötzliche Veränderung des Charakters aus heiterem Himmel ist nicht glaubwürdig. Wie beim Protagonisten werden die psychischen Eigenschaften der Nebenfiguren so betont, daß sie überlebensgroß erscheinen. Bei aller Übertreibung kommt es aber auch darauf an, die Figuren so genau wie möglich darzustellen. Gerade unbedeutende Handlungen und kleine Gesten runden den Charakter einer Figur ab.

Auch über die Nebenfiguren müssen wir nicht sofort alles erfahren, sondern nach und nach, je nach Notwendigkeit. Jede Figur trägt eine bestimmte Maske: spezielle Gesten, bestimmte Sprech- und Verhaltensweisen und bestimmte Überzeugungen. Natürlich wollen wir gerne wissen, ob ihre Überzeugungen echt sind, und das können wir nur durch die Handlungen der Figuren herausfinden. Der Zuschauer beurteilt die Nebenfiguren genau wie den Protagonisten nicht aufgrund dessen, was über sie gesagt wird, sondern aufgrund ihrer Handlungen. Krisen und Konflikte sind auch für die Nebenfiguren die Momente, in denen sie ihre Masken verlieren. Sie reagieren dann instinktiv und ihrer inneren Wahrheit entsprechend. Gerade das, was den Figuren peinlich ist, sollte der Autor in diesen Momenten enthüllen.

Je mehr Information wir im Verlauf der Geschichte über die Figuren und ihre Charaktereigenschaften erhalten, um so mehr »verdichten« sie sich, um so wirklicher erscheinen sie uns.

Individualisiert sollten alle Nebenfiguren sein, nicht nur die, mit denen der Protagonist in emotionaler Verbindung steht. Auch die kleinsten Rollen sollten lebendige Wesen zeigen. Stereotype, gesichtslose Figuren gibt es in einer guten Geschichte nicht. Klischees können vermieden werden, indem die gewohnten Aspekte einer Klischeefigur mit ungewohnten Eigenschaften kombiniert sind. Oft genügen äußere Erkennungszeichen, um so eine Figur interessant zu machen (ein Hut, auffallende Kleidung, wiederkehrende Redensarten etc.). Dabei muß der Autor allerdings darauf achten, daß die Figur nicht grotesk wird.

Exposition

Sobald ein Film anfängt, wollen wir alles mögliche wissen: wir wollen wissen, wo die Geschichte spielt, in welcher Zeit sie spielt, worum es bei der Geschichte geht; wir wollen wissen, wer der Protagonist ist und was er will. Aber das ist noch lange nicht alles. Wir wollen auch wissen, warum der Held in die Situation gekommen ist, in der er sich zu Anfang des Films befindet, warum er dieses oder jenes Ziel verfolgt, warum er diese oder jene merkwürdige Charaktereigenschaft entwickelt hat.

Oft ist es auch notwendig, Fakten aus der Back Story der Figuren zu kennen, um Handlungen, die in der Geschichte stattfinden, verstehen zu können. All das erfahren wir in der Exposition.

Der Film hat für die Exposition eine spezielle Technik entwickelt: den *Flashback*. Aus einer Handlung in der Gegenwart wird hinübergeblendet zu einer Handlung, die sich in der Vergangenheit abgespielt hat. Flashbacks als Technik der Exposition sind im Lauf der Filmgeschichte mehr und mehr aus der Mode gekommen. Sie werden heute nur noch in Ausnahmefällen angewendet. Flashbacks sind aus den Filmen verschwunden, weil sie wie Fremdkörper wirken: sie unterbrechen die Handlung, verlangsamen das Erzähltempo und unterbrechen die Stimmung der Geschichte. Das heißt nicht, daß Flashbacks grundsätzlich passé sind. Es gibt Situationen, in denen Flashbacks die dramatische Situation verstärken oder ganz einfach für die Erzählung essentiell sind, wie etwa in *Kiss of a Spider Woman*. Wenn sich ein Autor heute für einen Flashback entscheidet, dann muß er darauf achten, daß der Flashback nicht nur Dialog enthält, der Ver-

gangenes erklärt, sondern vor allem Handlung, die dramatisch interessant ist.

Voice Over ist eine Technik der Exposition, die in den
30er und 40er Jahren gerne angewendet wurde. Ein Erzähler
gibt erklärende Kommentare, während der Film Handlung
zeigt. Lange Zeit war die Voice-Over-Technik out. Man hielt
sie für antiquiert und wendete sie kaum noch an. Seit
Mitte der 90er Jahr erlebt diese Technik eine Renaissance.
Shawshank Redemption, Titanic, Jerry Maguire – all diese
Filme bedienen sich, zumindest teilweise, des Voice Over als
Methode des Erzählens.

Selbstgespräche oder Reden, in denen die Figuren in die
Kamera, zum Zuschauer hin, ihre Gefühle und Gedanken
erklären, sind die denkbar schlechteste Form der Exposition.
Exposition in Form von langen Dialogen ist ein anderer
Fehler, der besonders von Anfängern gerne gemacht wird.
Wenn Figuren einander lang und breit erklären, warum sie
so und so handeln, oder wenn sie beginnen, ihre Psyche zu
analysieren, und erklären, was für Erlebnisse in der Vergangenheit sie zu ihrem gegenwärtigen Tun veranlassen, dann
wirkt das unbeholfen und laienhaft. All das ist Exposition per
se, langatmige und langweilige Erklärungen, die die Geduld
der Zuschauer unnötig strapazieren.

Exposition ist nicht etwas, was man hinter sich bringen
muß. Exposition sollte im Gegenteil zu einem spannenden
Bestandteil der Geschichte werden. Gute Autoren verstehen
den Nachteil, Fakten erklären zu müssen, in einen dramatischen Vorteil zu verwandeln. Wenn immer möglich, werden
sie Exposition durch Handlung darstellen. Wenn Handlung
Information über Vergangenes enthält, dann ist das filmisch
sehr viel wirksamer, als wenn wir darüber in Dialogform

aufgeklärt werden müssen. Oft ist es aber nicht möglich, Exposition und Handlung zu verbinden. Dann bleibt nur der Dialog.

Um diese Form der Exposition dramatisch interessant zu machen, gibt es verschiedene Kunstgriffe: eine Möglichkeit besteht darin, beim Zuschauer zunächst Interesse für die Informationen zu wecken, die man ihm geben muß, und sie ihm dann vorzuenthalten. Damit entsteht beim Zuschauer der sehnliche Wunsch nach der vorenthaltenen Information. Wenn er sie endlich erhält, wird er die Mitteilung der Fakten interessiert aufnehmen. Ein ähnlicher Effekt läßt sich erzielen, wenn wir die Figuren selbst Informationen benötigen lassen, die ihnen von anderen Figuren vorenthalten werden. Indem die Figuren darum kämpfen, die Informationen zu erhalten, werden sie auch für den Zuschauer wichtig und interessant.

Wir können den Zuschauer aber auch in Atem halten, während Exposition stattfindet. Die Szene, in der zwei Figuren auf einem Sofa sitzen und einander notwendige Fakten mitteilen, ist als solche nicht besonders interessant. Wenn wir aber gesehen haben, daß zuvor unter dem Sofa eine Bombe versteckt wurde, dann erhält dasselbe Gespräch sofort eine ganz andere Dimension. Oft hilft auch eine komische Situation, Erklärung von Fakten unterhaltsam zu machen.

Eine von Dramatikern aller Zeiten gerne benutzte und nach wie vor äußerst wirksame Methode der Exposition ist, die Figuren miteinander streiten zu lassen und währenddessen Fakten zu vermitteln. Im Streit werden die Figuren in einer Extremsituation gezeigt. Wir erfahren etwas über ihren Charakter, und wir erhalten notwendige Information über Fakten, während der Streit (Konflikt) unsere Aufmerksamkeit fesselt.

Es sollte immer nur soviel Exposition gegeben werden, wie unbedingt notwendig ist, um den Fortgang der Geschichte zu verstehen. Wenn also dem Zuschauer gewisse Details aus der Vorgeschichte bestimmter Figuren nicht bekannt sein müssen, dann brauchen sie auch nicht erwähnt zu werden. Alle Fakten aus der Vorgeschichte, die zum Verstehen notwendig sind, werden im 1. Akt dargestellt. Im 2. und 3. Akt sollten sich allein die gegenwärtigen Ereignisse der Geschichte entwickeln. Exposition über Figuren bleibt aber nicht auf den 1. Akt alleine beschränkt. Was immer eine Figur tut oder nicht tut, was immer sie sagt oder nicht sagt, läßt uns mehr über sie erfahren. Daher findet die Exposition des Charakters von Figuren bis zum Höhepunkt am Schluß der Geschichte statt, wo wir den Protagonisten schließlich am genauesten kennenlernen.

Szene

In jeder Szene findet sich dieselbe Struktur, die auch den Film als Ganzes bestimmt. Jede Szene hat einen Anfang, eine Mitte und ein Ende. Sie muß Figuren und Konflikt etablieren, sie bis zu einem Punkt der Krise entwickeln und Höhepunkt und Lösung erreichen. Eine Szene darf nicht mit überflüssigen Details überfrachtet sein. Das würde die Geschwindigkeit der Erzählung verlangsamen, Spannung nehmen, und die Aufmerksamkeit des Zuschauers würde nachlassen. Der Autor sollte nur das zeigen, was für die Entwicklung der Geschichte und für Motivation und Charakter der Figuren notwendig ist. Vor jeder Szene sollte der Autor sich fragen: Was soll der Betrachter der Szene empfinden? Wenn das klar ist, dann geht es beim Schreiben der Szene darum, genau dieses Gefühl zu erwecken. Der Zuschauer sollte am Ende der Szene emotional dort sein, wo der Autor ihn haben will. Er sollte Liebe, Haß, Ärger, Verzweiflung, Eifersucht oder welche Gefühlsregung auch immer empfinden. Die Kunst des Szenenschreibens besteht darin, eine Szene elegant zu beginnen (oft in Kontrast zur vorangegangenen Szene zu setzen), so schnell wie möglich zur Aussage der Szene zu kommen und sie dann möglichst rasch wieder zu verlassen. Der Inhalt jeder Szene sollte spannend und interessant erzählt werden. Findet man keinen interessanten Blickwinkel, aus dem man die Szene erzählen kann, dann sollte man sie so kurz wie möglich machen.

Angenommen, wir wollen zeigen, wie ein Mann in einem Waschsalon eine Frau kennenlernt. Müssen wir zeigen, wie der Mann zum Waschsalon fährt? Nein. Müssen wir sehen, wie der Mann seinen Wagen parkt, die Wäsche aus seinem Auto holt, den Waschsalon betritt etc.? Kaum. Wir können im Waschsalon beginnen, kurz bevor der Mann die Frau zum ersten Mal sieht. Innerhalb der Szene müssen wir dann auf dem schnellsten Weg zum Höhepunkt kommen; in diesem Fall beispielsweise, wie er entdeckt, daß sie ein Wäschestück in der Maschine vergessen hat und es ihr bis zu ihrem Auto hinterherträgt. Daß er zuvor ein paar unbeholfene Versuche gemacht hat, sie anzusprechen, und ihr danach unglücklich nachgeschaut hat, als sie den Waschsalon verlassen hat, das alles haben wir zuvor so knapp wie möglich hintereinander erzählt. Daß wir den Höhepunkt der Szene so schnell wie möglich zu erreichen suchen, heißt nicht, daß wir wichtige Details auslassen. Im Gegenteil: in jeder Szene sollte alles so detailliert wie möglich erzählt werden. Aber jedes gezeigte

Detail muß Bedeutung für den Aufbau der Geschichte haben. Die dramatischen Möglichkeiten sollten in jeder Szene völlig ausgeschöpft werden. Spannungsgeladene Szenen zwischen Figuren sollten bis zum letzten ausgespielt werden. Bevor der Autor beginnt, eine Szene zu schreiben, muß er sich fragen, welche Informationen die Szene enthalten soll. Wenn die Szene geschrieben ist, muß er prüfen, was er weglassen kann, damit die Szene wirklich nur die Information transportiert, die für den Fortgang und das Verständnis der Geschichte notwendig ist.

Alle Szenen müssen miteinander in kausaler Verbindung stehen. Wenn eine Szene herausgenommen werden kann, ohne daß sich dadurch die Szene, die vorangeht, bzw. die, die nachfolgt, ändert, dann stimmt etwas mit der Struktur nicht. Eine Szene, die keine notwendige Information über einen der Charaktere enthält, die die Geschichte nicht vorantreibt, nicht zur Verschärfung des zentralen Konflikts beiträgt oder nicht beginnt, auf die Lösung des Konflikts zuzusteuern, sollte gestrichen werden, egal wie intelligent, witzig oder überraschend sie ist.

Der Rhythmus des Films wird durch die Länge der Szenen bestimmt. Die Handlungsdichte innerhalb der Szenen bestimmt das Tempo. Um die Aufmerksamkeit der Zuschauer zu fesseln, sollte das Tempo in den Szenen am Anfang möglichst schnell sein. Danach muß der Autor Tempo und Rhythmus dem Inhalt der Geschichte anpassen. Gegen Ende der Geschichte sollten die Szenen kürzer werden und die Dichte der Handlungen zunehmen. Das beschleunigte Tempo und der verkürzte Rhythmus signalisieren dem Zuschauer, daß die Geschichte auf den Höhepunkt zusteuert.

Dialog

Dialoge im Film sind Hilfsmittel, um mit Worten etwas auszudrücken, was in Bildern nicht gesagt werden kann. Das
Hilfsmittel »Wort« sollte in einem Film so wenig wie nur irgend
möglich gebraucht werden. Ein gezielter Satz an der richtigen
Stelle kann die Wirkung der Bilder verstärken. Doch zu viele
Worte unterbrechen und zerstören die hypnotische Qualität
des Films. Zu viele Worte führen dazu, daß wir einen Film
nur noch intellektuell verstehen. Damit wird das Aufnehmen
auf einer intuitiven und sehr viel tieferen Ebene unterbrochen, der Film verliert dadurch viel von seiner Magie und
Macht.

Die große Kunst des Dialogschreibens besteht darin, so viel
davon wegzulassen wie nur irgend möglich. Die Bilder eines
Films sollten so aussagekräftig sein, daß man den Ton abschalten kann und es dennoch möglich ist, die Entwicklung
der Handlung zu verstehen. In der ersten Fassung enthält
fast jedes Skript zu viel Dialog. Manchmal ist es möglich,
die Hälfte davon zu streichen bzw. zu kürzen oder entsprechende Bilder für das gesprochene Wort zu finden. Was
in Bildern gesagt wird, das braucht in Dialogen nicht noch
einmal wiederholt zu werden. »Cleverer Dialog«, der aus der
Szene hervorsticht, ist unbedingt zu vermeiden. Das Hilfsmittel Dialog darf sich nie in den Vordergrund drängen und
besondere Aufmerksamkeit auf sich ziehen. Oft lassen sich
Dialoge kürzen, indem sie durch nonverbale Kommunikation
(Augenzwinkern, Nicken etc.) ersetzt werden. Eine Figur »ja«
oder »nein« sagen zu lassen ist selten notwendig. Unnötige
Dialoge dieser Art sollten immer durch eine visuelle Reaktion
ersetzt werden.

Dialoge sollen den Zuschauer so tief wie irgend möglich in die gedankliche Welt der jeweiligen Figur führen. Es genügt nicht, wenn uns das, was eine Figur sagt, lediglich mit dieser Figur bekannt macht. Dabei erzeugt ein Dialog die Illusion einer normalen Konversation. Die Sprecher sollten sich unterbrechen, Sätze wiederholen und in unvollständigen Sätzen sprechen. Eine Figur kann das wiederholen, was eine andere Figur gerade gesagt hat. Oder eine Figur beendet den Satz, den eine andere Figur begonnen hat. Während so die Form des Dialoges an ganz normale Alltagskonversation erinnert, ist der Inhalt jedoch von einem vagen Alltagsgespräch weit entfernt. In einem guten Dialog gibt es nichts Überflüssiges. Jede Zeile spiegelt Veränderungen im Verhalten, in der Stimmung und in den Gefühlen der Personen wider. Ein Dialog enthält Persönlichkeitsaspekte, die anders nicht vermittelt werden können; er wird in der Exposition eingesetzt, um vergangene Ereignisse und Voraussetzungen der Geschichte zu erklären, und er trägt dazu bei, die Stimmung des Films zu erzeugen. Indem sich der Dialog in eine ganz bestimmte Richtung bewegt, wird der Handlungsstrang der Geschichte vorangetrieben.

Der Dialog sollte in kurzen, einfachen Sätzen gehalten werden, nicht länger als zwei bis drei Zeilen pro Figur. Dialogszenen sollten auf keinen Fall länger als maximal drei Seiten sein. Längere Monologe sind möglichst zu vermeiden. Ist ein Monolog unumgänglich, sollte er maximal 1/4 Seite umfassen. Monologe kann man unterbrechen durch Handlungen bzw. Reaktionen des Gegenübers. Auch während kürzerer Dialogsequenzen sollten immer wieder Bilder gezeigt werden, die die Wirkung des Dialogs steigern und mit der Geschichte in einem inneren Zusammenhang stehen.

Die Figuren mögen angeln, Blumen arrangieren oder tanzen. Manchmal wird sich die Möglichkeit ergeben, den Dialog in Kontrast zu der Umgebung zu setzen, vor der er sich abspielt (eine Liebesszene auf dem Friedhof etc.).

In der ersten Fassung des Drehbuchs werden die Dialoge oft ganz durchgeschrieben, um den Fluß der Gedanken nicht zu unterbrechen. Bilder und Handlungen, die den Dialog unterbrechen, werden dann in der Überarbeitung eingefügt.

Der letzte Satz, der in einem Film gesprochen wird, sollte kurz, stark und einprägsam sein. Dieser Satz gehört zu den letzten Eindrücken, die der Zuschauer von dem Film mitnehmen wird.

Subtext

Gute Dialoge besitzen immer eine Subtextebene. Subtext ist das, was zwischen den Zeilen gesagt wird – das, was der Sprecher eigentlich sagen will. Die Kluft zwischen dem Gesagten (Text) und dem, was der Sprechende in Wahrheit denkt und fühlt, macht einen guten Dialog interessant. Dem Zuschauer muß der Subtext klar sein. Er muß wissen, worum es bei dem Dialog wirklich geht.

Wenn in amerikanischen Filmschulen der Unterschied zwischen Text und Subtext klargemacht werden soll, dann wird dort gerne ein klassisches Beispiel zitiert: eine Szene aus Woody Allens Film *Annie Hall (Der Stadtneurotiker)*. In der Szene betrachten der Schriftsteller Alvy Singer und Annie Hall Fotos, die Annie gemacht hat. Während des Dialogs sehen wir den Subtext in Form von Untertiteln auf der Leinwand.

ALVY: Sie sind sehr interessant. Sie haben – ein – ein – gewisses Etwas.
Untertitel: Du siehst Klasse aus, Mädel.

ANNIE: Ich würde gern einen Fotografiekurs machen.
Untertitel: Er hält mich bestimmt für eine dumme Kuh.

ALVY: Fotografieren ist eine interessante Kunst. Es hat sich noch kein Kanon ästhetischer Kriterien entwickelt.
Untertitel: Sie hat tolle Beine und einen tollen Hintern.

ANNIE: Ästhetische Kriterien – du meinst – ob es ein gutes Foto ist oder nicht?
Untertitel: Ich bin ihm nicht schlau genug. So ein Mist.

ALVY: Das Medium oder Material der Fotografie wird zu ihrer Beschaffenheit und trägt zur Gesamtwirkung bei.
Untertitel: Ein Glück, daß ich diesen Artikel von Susan Sonntag gelesen habe.

ANNIE: Für mich ist das alles instinktiv. Ich fühle es einfach. Ich versuche es zu spüren, nicht so sehr darüber nachzudenken...
Untertitel: Gott, hoffentlich entpuppt er sich nicht als genau so ein Idiot wie die anderen.

ALVY: Sicher, aber ein eher theoretischer Ansatz siedelt es innerhalb der Perimetern der gesellschaftlichen Perpektive an...
Untertitel: Herrje, ich höre mich an wie der Schulfunk. Immer mit der Ruhe.

Auf der Subtextebene offenbaren sich die wahren Gefühle der Sprechenden. Gefühle darzustellen und Gefühle beim Zuschauer hervorzurufen, das ist die Hauptaufgabe des Dialogs. Die Vermittlung von Information, die auf der Textebene stattfindet, spielt dabei eine untergeordnete Rolle.

Wendepunkte

Wendepunkte sind Stellen, an denen sich die Geschichte in eine andere Richtung bewegt, als es der Zuschauer erwartet. Seine positiven oder negativen Erwartungen erfüllen sich nicht. Die Folge sind Erstaunen und Spannung beim Zuschauer. Das Unerwartete und Unvorhergesehene ist erfrischender und unterhaltender als das Gewohnte. Eine gute Filmstory ist voll solcher Situationen und Ereignisse. Natürlich muß das alles aus dem Kontext der Geschichte heraus logisch entwickelt sein.

Die beiden wichtigsten Wendepunkte sind Plot Point 1 am Ende des 1. Aktes und Plot Point 2 am Ende des 2. Aktes. Zwischen diesen beiden Plot Points kann es eine Reihe weiterer Wendepunkte geben, an denen sich der Plot immer wieder in neue, unerwartete Richtungen bewegt. Wichtig ist, daß bei allen Wendungen der Geschichte der zentrale Konflikt im Brennpunkt der Handlung bleibt.

Reversals

Reversals sind Wendepunkte, an denen sich die Handlungen des Protagonisten vollkommen verändern. Der Protagonist entdeckt eine neue Information, und die Geschichte läuft in eine um 180 Grad geänderte Richtung. Kaum eine Geschichte verträgt mehr als ein Reversal. Wenn der Protagonist öfter sein Verhalten und seine Einstellung zum Geschehen vollkommen ändert, wird er zu unglaubwürdig und zu unberechenbar, als daß sich der Zuschauer mit ihm identifizieren wollte.

112

Story Holes

Wenn man einen Film genau untersucht, dann kann man in jeder Geschichte Ungereimtheiten finden. Diese *Story Holes* finden sich in der Logik des Plots genauso wie in der Motivation der Figuren. Natürlich sollte jeder Autor versuchen, Story Holes möglichst zu vermeiden. Doch das ist nicht immer möglich. Story Holes, die nicht beseitigt werden können, sollten vom Zuschauer nicht als solche erkannt werden. Das kann dadurch erreicht werden, daß sie von der Geschwindigkeit der Geschichte ganz einfach überdeckt werden. Dem Zuschauer bleibt keine Zeit, die Story Holes zu entdecken, wenn er der Geschichte folgt. Eine andere Technik, mit Story Holes fertig zu werden, besteht darin, sie besonders hervorzuheben. Durch das Hervorheben wird der Eindruck erweckt, daß die Löcher ein zwangsläufiger Bestandteil der Geschichte sind. Außerdem wird klar, daß das Loch der Aufmerksamkeit des Autors nicht entgangen ist.

Symbole

Bilder und Objekte, die in der Geschichte vorkommen, sind entscheidend für die Stimmung, die der Film vermittelt. Die Bilder und Objekte sollten immer eine symbolische Verbindung zur Aussage des Films haben. Dabei kann der Film Symbole verwenden, die in unserer Kultur als solche allgemein verstanden werden, oder er kann eine spezielle Symbolwelt schaffen, die nur für diesen Film Gültigkeit hat.

Subplot

Während der Plot der Handlungsstrang ist, der die Geschichte ausmacht (zentraler Konflikt), sind Subplots Handlungsstränge, die sich mit dem Plot kreuzen, ihn verändern und beeinflussen. Anders als der Plot, der den Konflikt zwischen Protagonist und antagonistischer Kraft entwickelt, erzählen Subplots von der Begegnung des Protagonisten mit Nebenfiguren, oder sie erzählen von Konflikten der Nebenfiguren untereinander. Der Subplot gibt dem Autor die Möglichkeit, die Aussage des Films genau zu erforschen. Während der Plot die Handlung vorantreibt, ergründet der Subplot das, was »wirklich« passiert. Der Charakter des Protagonisten enthüllt sich im Subplot sehr viel deutlicher als im Plot, wo die Ereignisse dem Protagonisten oft keine Zeit lassen, viel von seinem wahren Ich zu offenbaren. Im Subplot sehen wir die Veränderungen, die der Protagonist durchmacht, wie unter einem Vergrößerungsglas. Wir erleben jeden Schritt seiner Veränderung mit und erfahren, warum er sich verändert. Subplots zeigen oft Liebesgeschichten oder Geschichten von Freundschaften, also eher die privaten Lebensaspekte des Protagonisten, während der Plot von den spektakulären Aspekten seines Lebens erzählt. Manchmal werden Subplots genutzt, um den Protagonisten und eine zweite Figur miteinander zu vergleichen. Der Subplot zeigt dann das Handeln beider Figuren in bezug auf dasselbe Problem.

Subplots entstehen gewöhnlich spät im 1. Akt oder früh im 2. Akt. Sie haben ihre eigene Struktur mit Anfang, Mitte und Ende, Protagonisten, Antagonisten etc. Ein guter Subplot hat einen klaren Set up, hat Wendepunkte, mag ein Reversal haben, macht eine Entwicklung durch und wird schließlich

114

gelöst. Die Wendepunkte für Plot und Subplot können an derselben Stelle oder weit voneinander entfernt liegen. Wichtig ist, daß Plot und Subplot niemals getrennt nebeneinander herlaufen, sondern miteinander in Verbindung stehen und sich gegenseitig beeinflussen. Auch darf der Plot nicht zu lange verlassen werden, um Subplots zu erzählen. Nach maximal zwei Szenen Subplot sollte die Geschichte wieder zum Plot zurückkehren. Zuviel Subplot hintereinander verlangsamt den Erzählfluß und bringt Unklarheit in die Richtung der Geschichte. Wenn sich der Plot mit mehr als einem Subplot verwickelt, um so besser. Das gibt der Geschichte Farbe und Lebendigkeit. Bei allen Verwicklungen muß aber der Hauptstrang der Geschichte immer klar und kompromißlos verfolgt werden. Dem Autor muß immer bewußt sein, was Plot ist und was Subplot. Gelöst werden sollten Subplots am besten vor oder spätestens im Höhepunkt. Lösen sich Subplots erst nach dem Höhepunkt, wirkt das Ende unelegant und holprig.

Zufälle

Eine Geschichte entsteht aus einem Netzwerk von Ursachen, in dem Zufälle und logische Entwicklungen miteinander verknüpft sind. Zufälle müssen innerhalb der Geschichte eine Bedeutung haben, sie müssen sich auszahlen, um eine Daseinsberechtigung zu haben. Ereignet sich ein Zufall an der richtigen Stelle, so ist das eine große Hilfe für den Autor, für den es sonst manchmal unmöglich wäre, die Geschichte in die Richtung zu lenken, in die sie laufen soll. Doch der Zuschauer ist nicht dumm. Er weiß genau, daß Zufälle es dem

Autor erleichtern, seine Geschichte zu erzählen. Deshalb muß der Autor sparsam damit umgehen. Werden Zufälle überstrapaziert, kann es passieren, daß die Zuschauer den Glauben an die Geschichte verlieren. Nach der Mitte sollte die Erzählung ohne Zufälle auskommen. Es schwächt den Protagonisten, wenn sein Schicksal auch dann noch von Zufällen abhängig ist. Allerdings: wenn Zufälle die Situation des Helden nicht verbessern, sondern verschlechtern, dann sind sie auch nach der Mitte akzeptabel. In diesem Fall hat der Zuschauer nicht das Gefühl, daß sich der Autor seine Sache leichtmacht. Im Gegenteil!

Deus ex machina

Nachdem sich der Konflikt in eine absolut unlösbare Situation verstrickt hatte, schwebte im griechischen Drama oft ein Gott vom Himmel herab und löste die Geschichte mit seinen überirdischen Möglichkeiten. Mit so einem Ende sind Kinozuschauer von heute nicht zufrieden. Das Ende muß vom Protagonisten herbeigeführt werden und nicht von irgendeiner höheren Kraft. Eine Ausnahme gibt es allerdings: in der Komödie ist es möglich, daß dem Protagonisten im rechten Moment ein Zufall zu Hilfe kommt. Wenn der Zuschauer einer Komödie das Gefühl hat, daß der Held genug gelitten hat, akzeptiert er auch eine Deus-ex-machina-Lösung, die ihn aus den Verstrickungen der Geschichte befreit.

Genre

Genre

Ob Action-, Action-Adventure-, Detective-, Science-fiction-, Comedy-, Horror-, Fantasy- oder Love-Story – jedes Genre hat seine ganz bestimmten Konventionen. Das Genre begrenzt und definiert, was in einer Geschichte möglich ist. Von Anfang an muß der Autor dem Zuschauer ein ganz klares Gefühl dafür geben, in welchem Genre sich seine Geschichte bewegt, und die Begrenzungen des Genres genau einhalten. Wenn sich eine Geschichte unfreiwillig von einer Horror-Story in eine Komödie verwandelt oder wenn die Horror-Story auf einmal zur Love-Story wird, dann hat die Geschichte ihre Glaubwürdigkeit verloren, und die Identifikation des Zuschauers hört auf. Wer die Grenzen des Genres überschreiten will, der muß diese Grenzen genau kennen. Nur dann ist er in der Lage, damit zu spielen und das Genre zu erweitern.

Unter den verschiedenen Genres nimmt die Komödie in vieler Hinsicht eine Sonderstellung ein: sie ist meistens kürzer als andere Filme. Eine Komödie umfaßt selten mehr als 90 bis 100 Drehbuchseiten. Sie toleriert das Deus-ex-machina-Ende und Szenen, die die Handlung nicht vorantreiben. Solche Szenen müssen dafür aber voller Lacher sein. Sonst haben sie auch in der Komödie keine Existenzberechtigung. In einer Komödie erschafft der Autor eine Situation und läßt die Figuren in bezug auf diese Situation agieren und reagieren. Die Situation, die der Autor erschafft, kann eine äußere oder eine innere Situation sein. Komödie zeigt entweder normale Menschen in besonders außergewöhnlichen Situationen oder besonders außergewöhnliche Menschen in normalen Situationen, wobei alltägliche Erfahrungen auf die Spitze getrieben werden. In der Komödie ist es besonders

117

wichtig, sowohl die »normalen« als auch die »außergewöhnlichen« Figuren genau zu entwickeln. Mehr als in allen anderen Genres sind die Figuren der Komödie von blinder Be-
sessenheit getrieben. Sie sehen die Komik ihrer Handlungen
nicht und glauben an das, was sie tun. Was für den Zuschauer
Heiterkeit hervorruft, ist vom Standpunkt der Figuren aus
gesehen bitterer Ernst.

Biographien im Film

Filmbiographien behandeln meist nur einen Teil des Lebens
der Person. Die unterschiedlichen Ziele und die verschiedenen Konflikte eines ganzen Menschenlebens darzustellen ist
außerordentlich schwierig. Spannung und Identifikation kann
eine Filmbiographie nur dann erzeugen, wenn der Autor
einen zentralen Konflikt findet, der das Leben der betreffenden Person bestimmt und der die Geschichte formt.

Bevor an einer Biographie gearbeitet wird, müssen die
Rechte geklärt werden. Bedarf es der Zustimmung der Person
oder, falls sie verstorben ist, der Familie? Sind die Rechte
geklärt, geht es darum, alle Lebensumstände der betreffenden
Person bis ins kleinste Detail zu recherchieren. Wenn der
Autor dann beginnt, die Geschichte zu schreiben, sollte er
nur noch mit seiner Erinnerung arbeiten, um nicht Gefahr
zu laufen, die Geschichte mit undramatischen, nebensäch-
lichen Details zu überladen. Die erste Aufgabe des Films ist,
zu unterhalten und seine Aussage so klar wie möglich darzustellen. Fiction-Filme müssen nicht Fakten und Daten vermitteln. Es ist legitim, historische Gegebenheiten zu verändern, wenn sie den Fluß der Geschichte stören.

DIE ÜBERARBEITUNG

Ein gutes Drehbuch ist nicht mit einem Schlag da. Wenn der erste Entwurf geschrieben ist, kommen die unvermeidlichen Neufassungen.

Linda Seger, Drehbuchberaterin
und Autorin

Kritische Distanz

Drehbuchschreiben heißt überarbeiten – jeder erfahrene Autor weiß das. Schon während des ersten Entwurfs überarbeiten manche Autoren ihren Text ständig. Andere schreiben die erste Fassung in einem Zug runter und überarbeiten sie später.

Bevor mit der Überarbeitung, dem *Rewrite* des ersten Entwurfs, begonnen wird, sollte man erst einmal ein paar Tage abschalten und nicht mehr an das Drehbuch denken. Das ist gar nicht so einfach, denn schließlich liegt die Geschichte dem Autor am Herzen; sie hat ihn während der vergangenen Wochen und Monate beschäftigt, oft tagelang ohne Unterbrechung.

Viele Autoren fahren in die Karibik oder ins Zillertal, stürzen sich ins Nachtleben oder buchen ein Meditations-Retreat. Wenn sie dann nach Tagen oder Wochen ihr Drehbuch wieder in die Hand nehmen und die Geschichte erneut lesen, hilft der zwischenzeitlich gewonnene Abstand bei einer kritischen Beurteilung. Stärken und Schwächen zeigen sich jetzt sehr viel klarer.

Rewrite

Jetzt ist der Zeitpunkt gekommen, an dem sich der Autor fragen muß, ob die Struktur stimmt. Haben Anfang, Mitte und Ende der Geschichte die richtigen Proportionen? Ist die Motivation des Protagonisten klar? Kennen wir sein Ziel? Lernen wir den Protagonisten ständig besser kennen? Und viele Fragen mehr.

Jetzt muß wahrscheinlich vieles geändert werden. Aber Vorsicht: in einem gut konzipierten Drehbuch gibt es keine Änderung, die ohne Folgen wäre. Jede Änderung zieht weitere Änderungen nach sich. Fachleute sprechen hier vom *ripple effect*, der etwa folgendes besagt: Wird ein bestimmter Teil der Geschichte verändert, dann muß alles, was zu diesem veränderten Teil hinführt, gleichfalls geändert werden, ebenso alles, was nach und aus dieser Veränderung folgt. Das kann unter Umständen eine umfassende Überarbeitung bedeuten. Ob die Geschichte danach noch steht, ist fraglich. Oft gibt es nach einer größeren Überarbeitung erhebliche Rhythmusprobleme – mit der Konsequenz, daß die Geschichte zerfällt und noch einmal vollkommen neu strukturiert werden muß. Das heißt, der Autor steht wieder ganz am Anfang. Er muß eine neue Outline schreiben, ein neues Treatment und einen neuen Entwurf konzipieren. Vor übereilten Änderungen kann deshalb nicht eindringlich genug gewarnt werden. Ist ein Autor aber davon überzeugt, daß an der Struktur oder der Figur des Protagonisten etwas geändert werden muß, dann sollte er das tun und nicht warten, bis Redaktion oder Produktion Änderungen verlangen, die möglicherweise noch viel weitgehender sind.

Ein weiterer wichtiger Aspekt der Überarbeitung sind die

Charaktere der Nebenfiguren. Es gibt eine hilfreiche Methode, um diese Figuren genauer zu charakterisieren: Der Autor liest die Geschichte aus der Sicht der jeweiligen Nebenfiguren. So wird eine Nebenfigur nach der anderen vor dem inneren Auge des Autors zur Hauptfigur der Geschichte. Mit dieser Technik lassen sich Nebenfiguren, die leblos und klischeehaft wirken, zu neuem, eigenständigem Leben erwecken.

Stehen Stuktur und alle Figuren, dann sollte der Autor seine Geschichte daraufhin abklopfen, ob sie den üblichen dramaturgischen Grundsätzen entspricht. Wird gegen Regeln verstoßen, dann sollte der Autor dafür gute Gründe haben. Er wird überzeugende Argumente brauchen, wenn das Skript bei der Buchbesprechung diskutiert wird.

Bei der weiteren Überarbeitung geht es in erster Linie ums Kürzen und um folgende Fragen: Wie komme ich am elegantesten und schnellsten in eine Szene? Wie kann ich eine Szene so beenden, daß sich die nächste Szene möglichst zwangsläufig anschließt? Wie können die Dialoge geändert werden, damit sie griffiger und prägnanter werden oder mehr Witz haben?

Für das Rewrite des ersten Entwurfs sollte der Autor mindestens die Hälfte der Zeit veranschlagen, die er für die Abfassung des Entwurfs brauchte. Nach allen Überarbeitungen wird die endgültige 1. Fassung der Redaktion oder dem Produzenten vorgelegt.

Buchbesprechung

Die 1. Fassung eines Drehbuchs ist niemals die Fassung, nach der auch gedreht wird. Geändert wird immer. Produzenten, Regisseure oder Redakteure haben Ideen, die die Geschichte verbessern helfen, und oft werden Änderungen erforderlich, weil das Drehbuch den Produktionsbedingungen angepaßt werden muß. Das alles wird in der Buchbesprechung diskutiert.

Änderungen, die wegen der Produktionsbedingungen notwendig werden, sollten mit Fingerspitzengefühl vorgenommen werden. Der Inhalt der Geschichte sollte dabei so wenig als irgend möglich angetastet werden. Anders verhält es sich mit Änderungen aufgrund guter Ideen kompetenter Leser. Oft sind die Ideen von Regisseuren, Produzenten, Dramaturgen oder Redakteuren eine Bereicherung. Gelegentlich können außenstehende professionelle Leser mit ganz einfachen Ideen entscheidend zur Verbesserung der Geschichte eines Autors beitragen, den die monatelange Arbeit an seinem Entwurf fast betriebsblind gemacht hat. Änderungsvorschläge, die sich darauf beziehen, Aspekte zu verstärken, die in der Geschichte bereits angelegt waren, sind selten verkehrt. Schließlich sollte ein Dramatiker immer bemüht sein, jede Situation, jeden Dialog und jeden Konflikt bis zur vollkommenen Neige auszuschöpfen. Für entsprechende Anregungen sollten Autoren immer offen sein. Auch beim Zusammenfassen von zwei oder mehreren Nebenfiguren zu einer einzigen Figur oder beim Hervorheben bzw. Streichen einzelner Subplots kann der Rat Dritter oft verblüffend gut sein.

Gefährlich wird es bei Änderungsvorschlägen, die dem Plot eine neue Richtung geben oder den Protagonisten grund-

legend verändern. Hier müssen beim Autor sofort die Alarm-
glocken schrillen. Änderungen dieser Art führen immer zu
dem schon genannten *ripple effect*. Je einschneidender eine
solche Änderung, um so größer ist die Gefahr, daß die ganze
Geschichte zu zerfallen droht. Eine Idee mag im Resultat
vielleicht zu ein paar großartigen Szenen führen, aber die
Geschichte kann dadurch als Ganzes ihren Biß verlieren.
Charaktereigenschaften oder Handlungen, die die Geschichte
ursprünglich spannend, originell oder witzig gemacht haben,
können durch solche Änderungen plötzlich nichtssagend
werden. Nicht jede zusätzliche Idee – und mag sie noch so
brillant sein – wirkt sich im Endresultat fruchtbar für das
Skript aus.

Einmal aufgedröselt, können viele Geschichten hinterher
nicht mehr richtig zusammengeschnürt werden. Sie fallen
immer wieder auseinander und sind dann meist auch kaputt.
Dem Autor bleibt dann nichts anderes übrig, als nach zig
fruchtlosen Überarbeitungen wieder auf den allerersten Entwurf zurückzugreifen. Oder er fängt noch einmal komplett
von vorne an und beginnt mit einer neuen Outline.

Allerdings ist die Zeit oft limitiert, gerade bei TV-Produk-
tionen. Rückt der erste Drehtag näher, dann werden Drehbücher, die bei den Überarbeitungen allmählich auseinander-
gefallen sind, irgendwie wieder zusammengeschustert. Und
wenn der Film dann fertig ist, hat man das ungute Gefühl,
daß die Geschichte weder emotional noch vom Plot her Sinn
macht.

Bei den Diskussionen über das Skript sollte sich der Autor
immer bewußt bleiben, daß niemand die Geschichte so gut
kennt wie er selbst. Produzent, Regisseur oder Dramaturg
können Ratschläge geben und Ideen einbringen, die letzte

Entscheidung aber muß der Autor treffen. Er ist der einzige, der alle Konsequenzen, die eine Änderung nach sich ziehen, wirklich übersehen kann. Erfahrene Autoren haben einen Instinkt dafür und wissen sofort, ob eine vorgeschlagene Änderung ihre Geschichte stärken, schwächen oder zerstören wird. Alle Änderungsvorschläge müssen vom Autor entsprechend geprüft werden. Dabei muß es für ihn vollkommen unerheblich sein, von wem die betreffende Idee stammt. Er muß für die Vorschläge von Dritten offen sein und sie genauso annehmen und beurteilen, als wären es seine eigenen. Alle, die an der Entwicklung eines Drehbuchs beteiligt sind, sollten sich in dieser Phase darin einig sein, daß sie nur ein Ziel haben: die erfolgreiche Geschichte.

Leider sieht das in der Praxis oft anders aus. Es gibt immer wieder einige in der Diskussionsrunde, die sich bei der Drehbuchbesprechung bloß profilieren wollen. Da geht es dann überhaupt nicht mehr um die Geschichte, sondern nur noch darum, wer sich durchsetzt. Egozentrische Regisseure wollen um jeden Preis ihre Ideen durchboxen, karrieresüchtige Redakteure wollen ihre Vorstellungen verwirklicht sehen, und selbstgefällige Produzenten behandeln ihre Autoren wie Sekretärinnen, indem sie ihnen ihre Eingebungen diktieren. Und wenn es dick kommt, ist der Autor dann auch noch mit Dramaturgen konfrontiert, die nur eines im Sinn haben: ihre Daseinsberechtigung zu legitimieren. Mit jesuitischem Geschick weisen sie dem Autor nach, daß sich seine Geschichte ohne eine dramaturgische Totaloperation nicht vernünftig erzählen lasse. Natürlich gibt es auch unter den Autoren Querköpfe. Beleidigte Schreiber schalten auf stur und nehmen gute Ratschläge nicht an, weil sie zu eitel sind. Andere halten grundsätzlich alles, was nicht von ihnen selbst stammt, für unbrauchbar und setzen sich arrogant über jeden Verbesserungsvorschlag hinweg. Damit ist niemandem gedient, am allerwenigsten der Geschichte.

Aufgabe des Autors ist es, die Diskussion zu kontrollieren und zu führen. Er muß versuchen, das Augenmerk der Teilnehmer auf das eigentliche, gemeinsame Ziel zu lenken: die zur Debatte stehende Geschichte so gut als irgend möglich zu erzählen. Viel Psychologie, Diplomatie, Durchsetzungskraft und geschicktes Taktieren sind dafür bisweilen vonnöten. So unangenehm und überflüssig vielen Autoren solche Auseinandersetzungen auch erscheinen mögen: Filmemacher sind Menschen. Und all das – mal mehr und mal weniger – gehört eben zu den Begleiterscheinungen der Drehbuchentwicklung in der Praxis.

So sollte es sein: kreative Meetings, in denen es einzig und allein um die Geschichte geht. Da sich dieser ideale Zustand aber selten erreichen läßt, darf der Autor Auseinandersetzungen nicht scheuen. Geht er auf Änderungswünsche ein, von denen er selbst nicht hundertprozentig überzeugt ist, oder sperrt er sich aus Prinzip gegen gute Ideen, dann nimmt er seine Verpflichtung der Geschichte gegenüber nicht ernst. Gedient ist damit niemandem.

Wenn der Autor an falscher Stelle klein beigibt, um die Eitelkeiten anderer zu befriedigen, oder aus Sturheit selbst eine Verbesserung des Drehbuchs verhindert, dann haben alle Beteiligten das Nachsehen: Ihr gemeinsames Projekt, der Film, wird jeden faulen Kompromiß, beleuchtet und mit Musik in Szene gesetzt, in die Welt hinausposaunen.

Polishing

Bevor das Skript zum Dreh geht, gibt es noch eine letzte Überarbeitung: das *Polishing*. An Figuren und Plot wird nun nichts Grundlegendes mehr geändert; es geht jetzt nur noch um den letzten Schliff, um ein möglichst elegantes Erzählen der Geschichte. Vor allem an den Dialogen wird noch einmal gefeilt. Wenn der Autor dabei seine Dialoge selbst laut liest, ist das sehr hilfreich. Manche Autoren lassen ihre Dialoge lieber von Freunden oder Laienschauspielern lesen. Worauf es in beiden Fällen ankommt: die Dialoge müssen glaubwürdig klingen.

Muß das Buch während des Drehs umgeschrieben werden, dann macht das meistens der Regisseur; zumindest wird in Deutschland aus Kostengründen so verfahren. TV- oder Kinoproduktionen verfügen in der Regel nicht über das Budget, um einen Autor am Drehort in Bereitschaft zu halten. Anders in Amerika: dort ist fast immer ein Autor am Set, der notfalls über Nacht die Szenen für den nächsten Tag umschreibt. Freilich ist der Set-Autor nicht immer der Drehbuchautor. Die Gagen etablierter amerikanischer Autoren sind hoch. Abgesehen davon ist es manchen Regisseuren auch ganz recht, wenn sie nicht in dem Gefühl arbeiten müssen, daß ihnen der Autor beim Dreh mit kritischem Blick über die Schulter schaut.

MYTHOS UND FILM

> Ich habe nicht das Gefühl, Kino zu ver-
> stehen. Im Grunde glaube ich, daß ich das
> Wesen des Kinos noch nicht begriffen habe.
> Es ist sehr schwer, sein wahres Wesen zu
> erfassen.
>
> *Akira Kurosawa, Regisseur*

Filme als Mythen zu interpretieren und zu analysieren war vor ein paar Jahren noch ein esoterisch anmutender Standpunkt von Außenseitern. Er wurde von den Amerikanern Thomas Schlesinger, Keith Cunningham und Chris Vogler entwickelt und ist heute ein wichtiger Bestandteil der Arbeit der etablierten Filmemacher Hollywoods. Natürlich sind nicht alle Filme Mythen. Einige haben mythische Aspekte, andere sind reine Soap Operas ohne tieferen Gehalt. Um Mythen besser zu verstehen, hilft es, ihr Gegenstück, die Soap Opera zu betrachten.

Mythos und Soap Opera

Soap Operas funktionieren nach einem einfachen Prinzip: sie stellen neurotische Verhaltensweisen in den Brennpunkt der Aufmerksamkeit der Zuschauer. Was sich im Alltag verdeckt abspielt, wird von der Soap Opera ins grelle Licht der Scheinwerfer gezerrt. Die offene Darstellung dessen, worüber man normalerweise nicht spricht, macht ihre Faszination aus. Die Leiden und Versuchungen der Figuren werden ohne den Deckmantel der üblichen Konventionen dargestellt. In Peepshow-Manier zeigen uns Soap Operas so den ungeschminkten Alltag. Die vordergründige Faszination der Zuschauer mit den psychischen Zwängen der Figuren wird von den Soap Operas gezielt ausgebeutet. Das Interesse der Soap Opera ist das Interesse des Voyeurs, dem es ausschließlich darum geht, zu *sehen,* der nicht daran interessiert ist, wirklich zu *begreifen.* Soap Operas verstärken entweder die gröbsten Aspekte menschlichen Verhaltens oder sie sentimentalisieren dessen liebenswertere Momente. An einem tieferen Ergründen des Warum und Woher der dargestellten Verhaltensweisen hat die Soap Opera kein Interesse.

Auch der Mythos erzählt von den Äußerlichkeiten des menschlichen Daseins. Er lädt uns aber außerdem dazu ein, die Oberfläche zu durchschauen. Der Mythos bedient sich der Faszination des »Welttheaters«, doch er bleibt nicht dabei stehen. Er legt die psychischen Probleme der Figuren offen, er macht sie durchschaubar und verständlich. Metaphorisch deckt der Mythos die psychischen Voraussetzungen der noblen und neurotischen Handlungen der Figuren auf. Damit entmystifiziert der Mythos menschliches Verhalten. Der Mythos macht klar, daß das eigentliche Geheimnis des menschlichen Daseins nicht in den Verwirrungen der Psyche liegt, sondern dahinter. Der Urgrund, auf dem sowohl neurotisches als auch gesundes Verhalten beruhen, wird so zum eigentlichen Thema des Mythos. Mit der Erinnerung an diesen Urgrund lehren uns Mythen, das Gemeinsame zu erkennen, das hinter den scheinbar getrennten psychologischen Aspekten verborgen ist.

Mythen sind Tore zum Unbekannten. Durch diese Tore gehen wir nicht, um Informationen anzuhäufen, sondern um unser wahres Sein zu erkennen. Jeder wirkliche Mythos nimmt unser Bewußtsein auf eine Reise mit, auf der es wachsen kann. Dieses Wachstum besteht in einem klareren Erkennen von Wahrheit. Wahrheit wird im Mythos nicht erzählt, sondern vielmehr geatmet, spürbar gemacht, indem wir dem Gang der Geschichte Schritt für Schritt folgen. Die Wahrheit der Geschichte enthüllt sich in jedem Moment durch die Form, in der sie sich bewegt, und nicht allein dadurch, wie sie sich am Ende auflöst. Mythen erklären nicht, sie enthüllen. Wir können sie nicht verstehen, wir erfahren sie sehr viel tiefer: wir *begreifen* sie, wir »fühlen« sie.

Mythen vermitteln ihre Botschaft, indem sie unsere Gefühle und Gedanken so orchestrieren, daß Erfahrungen und Einsichten entstehen, die Bedeutung enthalten. Auch Soap Operas orchestrieren unsere Gefühle und Gedanken, allerdings ohne daß wir dabei eine bedeutungsvolle Erfahrung oder neue Einsichten gewinnen. Soap Operas sind reine Gefühlsduschen, die den Zuschauer unverändert lassen. Gefühle und Gedanken, die der Mythos vermittelt, transformieren. Zwischen dem Bewußtseinszustand vor und nach der Erfahrung des Mythos liegt ein Bewußtseinssprung. Der Mythos transformiert Psyche und Geist und wird damit zur Medizin. Das psychisch-geistige Theater des Mythos heilt, indem es die Unklarheiten offenbart, die uns trennen von bewußtem Erkennen. Was Psychotherapie und religiöse Rituale durch verschiedene Methoden und Techniken erreichen, erreicht der Mythos durch das Anwenden dramatischer Regeln und Strukturen.

An der Oberfläche sind Mythen immer auch Soap Operas. Sie scheuen sich nicht, den Alltag in den grellsten Farben zu malen. Der Mythos nutzt die oberflächliche Faszination der Soap Opera, um damit das Interesse der Zuschauer zu wecken. So ist die Oberfläche des Mythos nicht weniger schillernd als die der Soap Opera, im Gegenteil: die Figuren, derer sich der Mythos bedient, sind meist hemmungsloser, brutaler und besessener, sie sind begehrenswerter und verruchter. Obwohl sie so viel kräftiger gezeichnet sind, wirken sie dennoch nicht wie Karikaturen. Da uns der Mythos die Figuren durchschauen läßt, werden auch noch so drastische Handlungen verstehbar und glaubhaft. Die klar gezeichneten Figuren des Mythos laden zur Identifikation ein, der Grundvoraussetzung für eine Transformation des Zuschauers. Ob und inwieweit Mythen wirklich verändern, hängt davon ab, wer die Zuschauer sind. Die transformierende Kraft des Mythos erfahren nur die, die offen sind und bereit, sich selbst besser kennenzulernen. Für alle anderen sind Mythen nichts weiter als bunte Unterhaltung. Sie sehen nur die Oberfläche, den Soap-Opera-Aspekt des Mythos. Damit wird der Mythos immer sein Publikum finden, denn er kann jedem etwas geben: dem einen tiefe Erkenntnis und Transformation, dem anderen bunte Unterhaltung.

Da sich Mythen und Soap Operas im äußeren Aufbau nicht voneinander unterscheiden, gelten für sie dieselben dramatischen Regeln und Gesetze, mit drei Ausnahmen:

1) Die Bilder, die Mythen benutzen, sind Träumen näher als dem Wachzustand. Mythen malen ein Bild eher, als daß sie es beschreiben. Ihre Bilder sind sehr viel eindringlicher, sehr viel hypnotischer als die Bilder von Soap Operas, die sich sehr exakt an der alltäglichen Wirklichkeit orientieren.

2) Dem Autor des Mythos ist der Zusammenhang zwischen seinem eigenen inneren Erleben während des Schreibens und den psychischen Prozessen, die er beschreibt, bewußt. Er muß bereit und in der Lage sein, gemeinsam mit seinen Figuren deren Wunden, Ängste und Krisen zu durchleben. Im

Gegensatz zum Autor einer Soap Opera kennt er die Charaktere seiner Figuren bis auf den Grund. Er hat gelernt, sein eigenes Leben als Mythos zu verstehen. Er weiß, daß er selbst der Held seiner eigenen Geschichte ist, und er hat erkannt, daß die Struktur seines eigenen alltäglichen Erlebens mit der Struktur des Mythos identisch ist. Indem er die Struktur seiner eigenen psychischen Veränderungen durchschaut, kann er die Veränderungen, die sein Protagonist erlebt, für den Zuschauer durchschaubar machen. Durch die Figuren und den Plot läßt der Autor den Zuschauer an seinen eigenen Gefühlen und Gedanken teilhaben. Der Autor des Mythos kennt seine eigenen Tiefen und kann daher tiefe Gefühle bei den Zuschauern ansprechen.

3) Mythen bewirken Transformation, indem sie Transformation erfahrbar machen. Der Held des Mythos wandelt sich im Lauf der Geschichte, und mit ihm wandelt sich das Bewußtsein des Zuschauers.

Der Monomythos

Die Untersuchungen des Mythenforschers Joseph Campbell zeigen, daß die Struktur von Mythos und Film einander sehr ähnlich sind. Die Struktur des Mythos hilft verstehen, warum Filme einen ganz bestimmten dramatischen Aufbau haben. Damit ist die Struktur des Mythos ein wertvolles Werkzeug für die Analyse, Entwicklung und Erarbeitung von Filmstoffen.

Seit einiger Zeit beeinflussen die Ideen Joseph Campbells immer mehr Filmemacher bei ihrer Arbeit. Bis vor kurzem noch ein Geheimtip, sind seine Bücher heute immer häufiger auch auf der »must read«-Liste der Chefdramaturgen der großen Hollywoodstudios zu finden. Sein Leben lang hat Campbell die Mythen aller Völker und Epochen gesammelt. Er hat sich die Frage gestellt, ob es etwas Gemeinsames gibt, das die verschiedenen Geschichten miteinander verbindet. Tatsächlich ist Campbell auf eine Struktur gestoßen, die den Geschichten all dieser verschiedenen Welten gemeinsam ist. Diese Struktur nennt er »The Monomyth«.

Der Monomythos zeigt, daß die Chinesen im Jahr 2000 v. Chr., die Eskimos vor 300 Jahren, die Maya im 15. Jahrhundert und die Filmemacher von heute Geschichten erzählen, die demselben Erzählmuster folgen. Es ist ein grundsätzliches universelles Muster, nach dem sich Erkenntnis und Selbsterfahrung vollziehen. Geschichten, die nach diesem Muster aufgebaut sind, entsprechen der Landkarte der menschlichen Psyche. Daher erscheinen sie uns psychologisch wahr und emotional glaubhaft, selbst wenn sie phantastische, unmögliche oder unwirkliche Ereignisse darstellen oder Ereignisse aus vollkommen anderen Welten und Kulturen.

Die Struktur des Mythos im Film

Der Monomythos zeigt die Struktur des Mythos als Reise des Helden. Der Begriff *Held* hat in diesem Zusammenhang nichts zu tun mit *Heldentum*. Der Protagonist einer Geschichte ist der Held auf der Reise, die er unternimmt. Er wird dadurch zum Helden, daß er im Zentrum der Geschichte steht und die Geschichte bewegt.

Die Reise, die der Held unternimmt, ist zunächst eine innere Reise. Es ist eine Reise, auf der der Held wächst und sich verändert. Er beginnt seine Reise mit einem ganz bestimmten

Bewußtseinszustand. Er gerät dann in eine Zwischenwelt, in der sich der ursprüngliche Zustand immer weniger halten läßt. In dieser Zwischenwelt lernt er seine Ängste, seine Selbsttäuschungen und seine wahren Qualitäten kennen. Schließlich taucht er aus der Zwischenwelt mit einem neuen Bewußtseinszustand wieder auf. Von Haß geht die Reise zur Liebe, von Machtgier zu Einsicht, von Verzweiflung zu Hoffnung, von Unwissenheit zu Weisheit usw. Diese emotionalen Reisen sind es, die den Zuschauer faszinieren und zu neuen Erkenntnissen und einem veränderten Bewußtsein führen. Zugleich mit der inneren Reise des Helden findet eine äußere Veränderung statt. Die äußere Veränderung besteht darin, daß der Held seine wohlbekannte, alltägliche Umgebung verläßt und sich in eine unbekannte Welt voller Herausforderungen begibt. Diese neue Umgebung wird zur Arena für den Konflikt des Helden mit der antagonistischen Kraft. Die äußere Veränderung mag eine äußere Reise des Helden sein. Er mag in eine fremde Stadt, in ein fremdes Land kommen oder aber auch in die Gesellschaft von Menschen, die ihm bisher fremd waren.

»The Hero's Journey«

Das Wissen um die Struktur von Mythen kann helfen, Plotprobleme zu identifizieren und Stagnation während des Schreibens zu überwinden. Die Struktur der Reise des Helden ist für unendlich viele Variationsmöglichkeiten offen. Manche Geschichten konzentrieren sich auf ein oder zwei typische Elemente, andere verschmelzen verschiedene Elemente zu einem einzigen, wieder andere wiederholen ein einziges

Element, das dann in vielen verschiedenen Formen erscheint. Die nachfolgende Darstellung ist daher nur eine von verschiedenen Möglichkeiten der Beschreibung der Struktur des Monomythos. Sie läßt jedem Autor die Freiheit, sie für seine eigenen Zwecke in jeder beliebigen Form auszuweiten oder zu begrenzen.

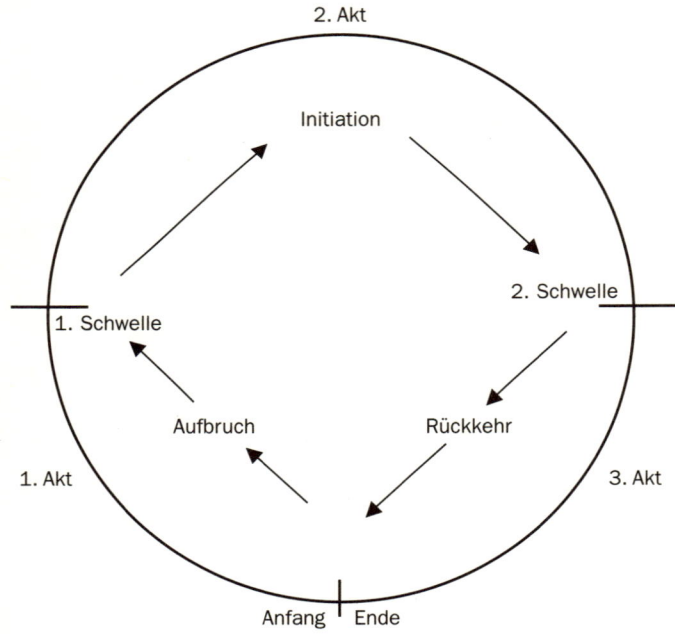

Im Gegensatz zur »klassischen« Hollywood-Drehbuchstruktur begreift der Monomythos eine Geschichte nicht als etwas Lineares, sondern als etwas Zyklisches. Der Kreis schließt sich, indem der Held aus der Oberwelt seines Wachbewußt-seins in die Unterwelt seiner Visionen und Ängste hinabsteigt, um von dort wieder in die Oberwelt eines gewandelten

Wachbewußtseins zurückzukehren. Wo die Struktur des Monomythos und die Drehbuchstruktur identisch sind, sind im folgenden Text die entsprechenden Begriffe aus der Drehbuchstruktur in Klammern gesetzt.

AUFBRUCH (1. AKT)

Die Alltagswelt (Set up)

Der mythologische Held hat zu Beginn der Geschichte ein idealisiertes Bild von sich selbst. Dieses Bild ist das Resultat der Erfahrungen, die er in seinem bisherigen Leben gemacht hat. Auch wenn das Bild, das er von sich selbst hat, nicht mit seinem wahren Selbst übereinstimmt, so hilft es ihm doch, sich in seiner Alltagswelt zu bewegen und mit den Konfrontationen, die ihm dort begegnen, fertigzuwerden. Die Tatsache, daß er den Konfrontationen in seiner Alltagswelt erfolgreich begegnet, haben in ihm den Glauben an sein Selbstbild verstärkt. In der Welt seines Alltags hat der Held seinen ganz bestimmten Platz. Die Welt um ihn herum ist in einem Gleichgewichtszustand äußerer Routine. Äußere und innere Welt des Helden scheinen stabil. Doch ist es nur ein Zustand scheinbarer Ruhe und Stabilität – es ist die Ruhe vor dem Sturm.

Der Ruf zum Abenteuer (Plot-Beginn)

Äußeres und inneres Gleichgewicht werden gestört durch den Ruf zum Abenteuer. Irgend etwas passiert, wodurch sich die alltägliche Welt des Helden so verändert, daß er darauf reagieren muß. In einer Science-fiction-Story mag der Held Wesen aus anderen Dimensionen begegnen. In Detektivgeschichten wird der Privatdetektiv oft aufgefordert, einen Fall zu übernehmen, der ihn mit einem unbekannten Gegner in Konflikt bringen wird. In Abenteuergeschichten geht es oft darum, daß die natürliche Ordnung der Dinge gestört wurde und der Held erkennt, daß es an ihm liegt, das Gleichgewicht der Kräfte wiederherzustellen. Der Ruf zum Abenteuer macht klar, was auf dem Spiel steht, und gibt dem Handeln des Helden ein Ziel. Das äußere Ziel, das der Held hier zum ersten Mal erkennt, bestimmt ab jetzt die Richtung seines Handelns. Sein inneres Ziel aber ist weder dem Helden noch dem Zuschauer bewußt. Es ist das Bedürfnis, sich selbst kennenzulernen. Dazu ist es notwendig, daß sich das idealisierte Selbstbild des Helden, das dieser zu Beginn der Geschichte von sich hat, auflöst.

Der widerstrebende Held

Der Held reagiert auf den Ruf zum Abenteuer und erkennt, daß auf einmal neue, unbekannte Verhaltensweisen von ihm gefordert sind. Er erkennt, daß er sich, wenn er dem Ruf folgt, nicht länger in den gewohnten Bahnen und dem Komfort seiner Alltagswelt bewegen kann. Er spürt, wie er immer intensiver gelockt, verführt oder zu der Schwelle getrieben wird, an der das Abenteuer beginnt. Sein seelisches Gleichgewicht gerät durcheinander. Der Held ahnt, daß die Situation, die entsteht, wenn er dem Ruf zum Abenteuer folgt, Eigenschaften erfordert, die er bisher nicht oder nicht in ausreichendem Maß besitzt. Unbewußt ahnt er auch, daß das idealisierte Selbstbild, das er von sich hat, sterben wird, wenn er weiter in die Richtung geht, in die ihn der Ruf zum Abenteuer lockt. Er ahnt, daß er der größten aller Ängste begegnen wird: der Angst vor dem Unbekannten. Oft zögert der Held hier und versucht, zum Zustand am Anfang der Geschichte zurückzukehren. In Liebeskomödien mag der Held an dieser Stelle einen Rückzieher machen, in Abenteuergeschichten mag er von seinen Plänen Abstand nehmen, und in Detektivgeschichten mag der Detektiv einen Fall niederlegen. Ein äußerer Einfluß, eine Veränderung der Umstände, ein weiterer Verstoß gegen die natürliche Ordnung der Dinge ist notwendig, um den Helden seine Angst überwinden zu lassen.

Die Begegnung mit dem Weisen

Indem der Held dem Ruf zum Abenteuer folgt, auch angesichts aller bedrohlichen Konsequenzen, hat er die Kräfte des Unbewußten auf seiner Seite. Wo immer diese Kräfte auftreten, erinnern sie den Helden daran, daß ihm trotz aller Gefahren, die ihm begegnen mögen, niemals wirklich etwas passieren kann. Sie repräsentieren sein höheres Selbst, das unverletzlich und unangreifbar ist. Diese Kräfte des Unbewußten nehmen im Mythos verschiedene Gestalten an. Oft ist es der Weise, der dem Helden hilft, sich auf die bevorstehenden Herausforderungen vorzubereiten. Der Weise hat die Reise ins Unbekannte, die dem Helden bevorsteht, bereits hinter sich. Er kennt ihre Gefahren und gibt dem Helden Ratschläge und manchmal magische Waffen. Dabei kann der

Weise den Helden immer nur einige Schritte auf seiner Reise begleiten. Danach ist der Held ganz auf sich allein gestellt. Die Schwelle zum Unbekannten muß er allein überschreiten.

Das Überschreiten der ersten Schwelle (Plot Point 1)

Der Held befindet sich jetzt an der Schwelle zum Abenteuer. Es ist die Grenze der Alltagswelt des Helden. Dahinter liegt das Unbekannte, das Dunkle, die Gefahr. Der Held hat jetzt zum ersten Mal seine Angst bewußt vor Augen. Eine Urangst steigt in ihm auf. Es ist die Angst des Kindes vor dem Verlust des Schutzes durch seine Eltern, und es ist die Angst des Wilden, den Schutz seines Stammes zu verlieren. Der Held weiß, daß er, sobald er die Schwelle überschritten hat, ganz allein in einer unbekannten Welt sein wird. Seine innere Angst mag außen durch einen furchterregenden Hüter der Schwelle repräsentiert sein. Die innere Angst und der Hüter der Schwelle testen den Helden. Wenn er beide überwinden kann, dann heißt das, daß er eine realistische Chance hat, mit den Schwierigkeiten und Herausforderungen fertigzuwerden, die ihm auf seinem weiteren Weg begegnen werden.

In dem Moment, in dem der Held die Schwelle überschreitet, stellt er sich den Problemen, die der Ruf zum Abenteuer mit sich bringt, und er nimmt bewußt die Konsequenzen auf sich, die mit diesem entscheidenden Schritt verbunden sind. Das ist der Moment, an dem das Abenteuer des Helden tatsächlich beginnt. In der Liebeskomödie mag der Liebhaber die Geliebte trotz aller voraussehbaren Schwierigkeiten zu einem gemeinsamen Wochenende einladen. In der Science-fiction-Geschichte mag der Held der Einladung der fremden Wesen zu einer Reise in ihre Welt folgen. In einem Detektiv-film mag der Detektiv den Fall trotz eines Mordanschlages auf ihn selbst weiterverfolgen.

DIE INITIATION (2. AKT)

Im Bauch des Wales

Auf der anderen Seite der Schwelle erwartet den Helden eine unbekannte, neue Welt. Er beginnt die Gesetze dieser Welt kennenzulernen, und er lernt die Macht einer antagonisti-schen Kraft kennen, die seinen Bemühungen, zu seinem äußeren Ziel zu gelangen, entgegengesetzt ist. Von Anfang an trifft der Held auf Prüfungen, Versuchungen, Herausforde-rungen und Widerstände. Ihm wird aber auch immer wieder geholfen, sei es durch den Rat oder die magischen Werk-zeuge des Weisen, sei es durch andere Helfer und Verbün-dete. Der Held mag hier zum ersten Mal entdecken, daß ihm von einer wohlwollenden Kraft in wunderbarer Weise immer wieder geholfen wird bei seinem Unternehmen, dem Ruf zum Abenteuer zu folgen. Die unterstützenden und antago-nistischen Kräfte, die dem Helden hier begegnen, sind ihm unbekannt und doch auf geheimnisvolle Weise vertraut. Die Vertrautheit rührt daher, daß die Kräfte, die ihm im Außen begegnen, Spiegelungen seiner eigenen inneren Ängste und Stärken sind. Der Held steigt tiefer in seine Wunden und Ängste hinab und löst damit die Handlungen und Ereignisse aus, die die Geschichte vorantreiben.

Wenn Drehbücher Schwierigkeiten mit der Entwicklung der Handlung im 2. Akt haben, dann liegt das oft daran, daß der Autor sich scheut, tiefer in den Charakter seines Helden hinabzusteigen. Wenn der Autor seinem Helden auf diesem Abstieg in die inneren Tiefen seiner Seele folgt, dann werden viele Dinge angesprochen, die den Autor selbst psychisch fordern. Seine eigenen Wunden und Ängste sind berührt, genauso wie die des Helden. Gerade in der Mitte des Drehbuches fühlen sich Autoren oft psychisch erschöpft. Das liegt daran, daß sie sich selbst auf einer inneren Reise befinden, die parallel zur Reise ihres Helden stattfindet. Oft versucht der Autor, einer tieferen Beschäftigung mit dem Charakter seines Helden zu entgehen. Dann läßt plötzlich die Spannung der Geschichte nach, und sie wirkt auf einmal oberflächlich und nichtssagend. Wilde Liebesszenen, Verfolgungsjagden und andere äußerliche Handlungen, die den Plot nicht wirklich vorantreiben, sind typische Kennzeichen für ein Ausweichen des Autors. Manchmal ist an dieser Stelle seine Fähigkeit zu schreiben vollkommen blockiert. Diesem »writers block« kann er nur entgehen, wenn er es wagt, sich gemeinsam mit seinem Helden wirklich auf dessen innere Reise ins Unbekannte einzulassen.

Langsam lernt der Held, sich in der unbekannten Welt zurechtzufinden. Er lernt, wie er sich innerhalb der Gesetzmäßigkeiten der Welt zu bewegen hat, und er begegnet neuen Herausforderungen und feindlichen Kräften in ständiger Steigerung. Ohne Unterbrechungen ist er gezwungen, Entscheidungen zu treffen und Konflikte auszutragen. Immer weniger gelingt es dem Helden, sein idealisiertes Selbstbild aufrechtzuerhalten. Die Geschehnisse zwingen ihn, immer deutlicher zu erkennen, wer er wirklich ist. Während wir im

ersten Teil der Geschichte (Aufbruch) seine Maske kennenlernen, wird diese Maske im zweiten Teil (Initiation) zunehmend durchsichtiger, und wir erkennen immer deutlicher
sein wahres Gesicht. Dieses wahre Gesicht hat eine helle
und eine dunkle Seite. Die helle Seite zeigt seine Stärken,
die auch er selbst immer deutlicher erkennt, indem er den
äußeren Herausforderungen immer erfolgreicher begegnet.
Die dunkle Seite sind seine Ängste. Diese Ängste können
direkt sichtbar sein, oder sie können sich hinter einer
Schwäche oder negativen Charaktereigenschaft verbergen.
Egal, ob Abenteuerfilm, Komödie, Science-fiction oder De-
tektivgeschichte, in allen Genres hat der Held in dieser Phase
mit äußeren und inneren Widerständen zu kämpfen. Unter
dem Druck der Auseinandersetzung offenbart und verändert
er sich zugleich.

Die Drachenhöhle

Auf seinem Weg zum Ziel kommt der Held zu dem gefähr-
lichsten Ort der fremden Welt. An diesem Ort ist das Objekt
oder das Wissen verborgen, dem die Suche des Helden gilt.
Bewacht wird der Ort von Kräften, die auf der Seite der
antagonistischen Macht stehen. Um zur Höhle des Drachen
vorzudringen, muß der Held er selbst werden. Gegen die
gegnerischen Kräfte hat er nur eine Chance, wenn er sich
selbst nichts vormacht. Das idealisierte Selbstbild vom Anfang
der Geschichte löst sich hier vollständig auf. Der Held hat
keine andere Wahl, entweder er wächst oder er stirbt, eine
dritte Möglichkeit gibt es nicht. Er muß sich jetzt so zeigen,
wie er ist: mit seiner hellen und seiner dunklen Seite. In

vielen Filmgenres ist die Höhle des Drachen das Haupt-
quartier des Feindes. Sie mag aber auch andere Formen
annehmen, je nach Art der Geschichte.

Die schwerste Prüfung

Der Kampf mit der antagonistischen Kraft um das gesuchte
Objekt oder Wissen ist ein Kampf um Leben und Tod. Der
Held hat sich in eine neue Person verwandelt: er ist er selbst
geworden. Er ist jetzt nicht mehr durch ein idealisiertes
Selbstbild getrennt von sich selbst. Das macht ihn stark. Der
Held kann jetzt all seine Kräfte gezielt in der Konfrontation
mit der antagonistischen Macht einsetzen. Doch die antagonistische Macht scheint stärker zu sein, und der Held
scheint den Kampf zu verlieren. Er sieht dem Tod ins Auge,
und einen Moment lang wissen die Zuschauer nicht, ob der
Held überleben wird oder stirbt. In diesem Moment wächst
der Held über sich selbst hinaus. Er läßt sowohl Stärken als
auch Ängste hinter sich und durchbricht alles, was ihn persönlich begrenzt. Dieser Moment ist besonders wichtig. Er
zeigt die Bedeutung der Reise des Helden, er zeigt, daß es
bei dieser Reise um Einheit geht mit der Kraft, die das Leben
und den Tod regiert. Der Held stirbt an dieser Stelle und wird
im selben Moment wiedergeboren. Jetzt hat er Unsterblich-
keit erlangt.

In dem Moment der Unsicherheit über das Schicksal des
Helden ist der Fluß der Emotionen der Zuschauer für einen
Augenblick gestoppt. Gehobene Stimmung und tiefe Erleichterung sind die Folge, wenn die Wiedergeburt des Helden
feststeht.

146

Viele Abenteuer-, Detektiv- und Science-fiction-Filme kennen den Moment, in dem der Held dem Tod begegnet. In den meisten Geschichten bleibt der Held allerdings »sterblich«. Sie begnügen sich damit, daß er dem Tod mit knapper Not entgeht. Das »Tod-oder-Leben«-Motiv kann auch auf der psychologischen Ebene angesiedelt sein. Leben oder Tod kann heißen, daß der Traum, der den Helden während der ganzen Geschichte mit Leben erfüllt hat, in Gefahr ist, nicht Realität zu werden. Der zeitweilige Tod einer Liebesbeziehung oder das scheinbare Ende einer beruflichen Karriere beinhalten das »Tod-oder-Leben«-Motiv ebenso wie der Kampf des Helden um sein physisches Überleben.

Das Erlangen des Elixiers

Ängste, Tod und die antagonistische Kraft sind überwunden. Der Held nimmt jetzt den Schatz oder das Wissen in Besitz, nach dem er gesucht hatte. Damit kann er die Welt, aus der er aufgebrochen war, heilen. Das Elixier ist immer ein äußeres Objekt. Es repräsentiert aber zugleich auch den neuen Bewußtseinszustand des Helden. Der Held ist wieder auferstanden von den Toten, er ist »ganz«, er ist geheilt. Das Elixier repräsentiert das Einssein des Helden mit seinem wahren Sein, jenseits von Tod und Leben. Es repräsentiert ein Bewußtsein, das »ganz« ist und nicht mehr gelenkt von Teilen einer Persönlichkeit. Äußerlich mag der Held jetzt attraktiver erscheinen als zuvor. Immerhin ist er unsterblich geworden, und das mag auch äußerlich zu erkennen sein. Außerdem hat er das Elixier erlangt und hat sich damit den Titel »Held« verdient.

147

Das Elixier hat verschiedenste Formen, je nach Art der Geschichte. Manchmal ist es ein Schatz; es können Informationen darüber sein, wie der Held die antagonistische Kraft endgültig besiegen kann, Informationen darüber, wie er wieder in seine Welt zurück gelangen kann, oder eine Medizin, die die Welt, aus der der Held kommt, heilen kann. In Liebesgeschichten mag der Held an dieser Stelle zum ersten Mal die Zuneigung der Geliebten erfahren, die er während der Geschichte zu gewinnen oder zu retten versucht hat.

Das Überschreiten der zweiten Schwelle (Plot Point 2)

Der gewandelte Held ist im Besitz des Elixiers, das imstande ist, die Welt, die er verlassen hatte, zu verwandeln. Doch der Held zögert. Soll er zurückkehren? Wird die Welt das Elixier, das sie heilen kann, annehmen? Ist er, der Geheilte, daran interessiert, den unheiligen Kräften der Welt, die er verließ, zu begegnen? Nicht Angst ist es, die ihn diesmal zurückhält, weiterzugehen, sondern Desinteresse an der Welt, die auf der anderen Seite der Schwelle auf ihn wartet. Der Held ist im Einklang mit sich selbst. Er hat alles erreicht. Wozu sollte er weitergehen? Die zweite Schwelle ist, genau wie die erste, ein Test. Der Held wird getestet, wie gut er die Lektion seiner Reise gelernt hat. Er hat eine innere Erkenntnis gemacht, und er hat gelernt, die Welt neu zu verstehen. Die innere Erkenntnis wird genauso wie das äußere Elixier die Welt, aus der er gekommen ist, verwandeln. Diese Wandlung kann aber nur stattfinden, wenn er weitergeht und seine Erkenntnis und das Elixier weitergibt.

RÜCKKEHR (3. AKT)

Der Weg zurück

Der Held nimmt Dornröschen, die Runen der Weisheit, das Goldene Vlies oder den Gralsbecher mit in die Welt, aus der er gekommen ist, wo das Elixier die Gemeinschaft, die Nation, den Planeten oder auch nur seine ganz persönliche Welt verändern wird. Doch noch ist die antagonistische Kraft nicht vollkommen überwunden. Im Gegenteil. Der Antagonist gebärdet sich jetzt gefährlicher als je zuvor. Alle gegnerischen Mächte werden konzentriert für die letzte Schlacht, in der der Held endgültig besiegt werden soll. Wenn es dem Helden nicht gelingt, das Elixier zu verteidigen, dann ist er dazu verdammt, sein Abenteuer zu wiederholen.

Viele Komödien bedienen sich dieses Endes, wo eine dümmliche Figur sich weigert, die Lektion zu lernen, die die Geschichte lehrt. Wenn diese Figur am Ende genau dieselbe Dummheit wiederholt, die zu Beginn alle Verwicklungen ausgelöst hatte, dann wissen wir, daß das der Anfang einer neuen Reise ist, auf der alle Lektionen noch einmal gelernt werden müssen.

Die letzte Schlacht (Krise/Höhepunkt)

Der Held wird gejagt und bedroht, bis es keine Alternative für ihn gibt: er muß sich der entscheidenden letzten Schlacht stellen. Inzwischen sind die antagonistischen Kräfte ins schier Unermeßliche gewachsen. Der Held muß äußerst wachsam sein, all seine Kräfte zusammennehmen und alles, was er

149

während der Geschichte gelernt hat, ins Spiel bringen. Tatsächlich kommt er während der letzten Auseinandersetzung mit der antagonistischen Kraft in eine Situation, die an die Situation während der schwersten Prüfung erinnert: er sieht dem Tod ins Auge.

Alles scheint verloren, doch dann gelingt es dem Helden, das Blatt zu wenden. Die Wende gelingt, indem er spontan und machtvoll handelt wie eine Naturgewalt. Sein Handeln zeigt die Verbundenheit seines individuellen Bewußtseins mit dem universellen Willen. Die antagonistische Kraft ist ein für allemal besiegt. Das Elixier ist erhalten und kann der Gemeinschaft und der Welt zugute kommen.

Der Held als Meister zweier Welten (Kiss off)

Die innere Trennung zwischen dem individuellen Bewußtsein des Helden und dem Bewußtsein des Kosmos ist aufgehoben. Der Held ist Teil und Ganzes zugleich, es gibt keine Schwellen und keine Ängste mehr; er ist frei von Furcht und ist in jeder Welt zu Hause, denn eine Trennung zwischen den Welten gibt es nicht mehr. Er schenkt der Gemeinschaft das Elixier, und das Elixier bewirkt, daß die Wunden der Welt heilen.

DREHBUCHFORMAT

Das Drehbuch ist, vor allem anderen, ein technisches Dokument.

Frank Pierson, Autor und Regisseur

Form

An der Herstellung eines Films ist ein Heer von Künstlern und Technikern beteiligt. Dem Drehbuchautor steht ein einziges Mittel zur Verfügung: das geschriebene Wort.

Er muß seine Worte so wählen, daß er eine Folge von Bildern in das Bewußtsein seines Lesers projiziert. Die Bilder, die er beschreibt, müssen so stark und überzeugend sein, daß der Leser seine eigene Gedankenwelt vergißt und sich vollkommen in die Welt des Drehbuchs begibt. Es ist derselbe hypnotische Vorgang, der zwischen einem Film und seinem Publikum stattfindet. Wie der Film, so darf auch das Drehbuch seinen Leser nie verlassen. Um Spannung, Gefühle und Erkenntnis beim Leser auszulösen, muß der Autor sein Drehbuch so schreiben, daß der Text ohne Schwierigkeiten zu verstehen ist. Die Beschreibungen der Szenen und Handlungen müssen klar und einfach sein, die Dialoge lebendig und unkompliziert.

Die Aufmerksamkeit des Lesers darf auch nicht durch Formfehler abgelenkt werden. Ein Drehbuchautor hat es immer mit professionellen Lesern zu tun: Produzenten, Lektoren, Dramaturgen etc. Er sollte ein gängiges Skriptformat wählen, das seinen Lesern vertraut ist und das es ihnen leicht macht, seinen Text zu lesen. Drehbücher in ungewöhnlichen Formaten verringern ihre Chancen auf eine positive Beurteilung. Lektoren meiden sie, denn sie wissen, daß es sehr mühsam und zeitaufwendig sein kann, sich mit solchen Skripts herumzuschlagen. Aber auch aus einem anderen Grund halten sich professionelle Leser von solchen Skripts gerne fern. Wenn der Autor noch nicht einmal weiß, wie die äußere Form eines Drehbuchs aussieht, dann erwartet der Lektor einen dilettantischen Inhalt – eine Erwartung, die er immer wieder bestätigt findet. Autoren, die ihre Drehbücher nicht unnötig mit negativen Vorurteilen belasten wollen, tun daher gut daran, ihre Drehbücher in einer Form zu präsentieren, die allgemein akzeptiert ist.

In Europa gibt es kein einheitliches Format für Drehbücher. Immer mehr europäische Filmproduktionen orientieren sich aber inzwischen an dem Format der amerikanischen Filmindustrie und lassen ihre Drehbücher von Computerprogrammen nach US-Standards formatieren. Ein Drehbuchautor, der sich mit seinem Drehbuch an den US-Standards orientiert, kann sowohl für den amerikanischen als auch für den europäischen Markt schreiben und sicher sein, daß er nichts falsch macht.

In Amerika werden Drehbücher heute in Form von *Master Scenes* geschrieben. Das heißt, der Autor beschreibt eine Szene und beschäftigt sich danach hauptsächlich mit den Figuren und deren Dialogen.

Das folgende Beispiel enthält die wichtigsten Elemente, die das US-Skriptformat bestimmen. Die hochgestellten Ziffern bezeichnen nähere Erklärungen zu einzelnen Elementen am Ende des Skriptbeispiels.

Drehbuchformat
(Standard der US-Filmindustrie)

FADE IN:[1]

                                                    FADE OUT[1]

                                                        45.[2]

                        TV-SPRECHER (V.O.)[3/4]
                        Trotz umfangreicher
                        Straßensperren und einer
                        großangelegten Suchaktion der
                        Polizei konnten die Ausbrecher
                        bisher nicht gefunden werden …

                        SUSANNE[3]
                        (ins Telefon; amüsiert)[5/6]
                        Ich denke, wir sollten nicht
                        unzufrieden sein.[7]
                                        [8]

78[9] AUSSEN[11] – AM STRAND – NACHT[10/27]   78[9]
                        [12]

    Vor dem »Seastar Cafe« kämpfen zwei kreischende
    Möwen um die Eingeweide eines Fisches. Im H.G.[13]
    sitzen die Biker beim Bierritual. DAS MEER
    RAUSCHT[14] in der Ferne, und wir hören die
    gedämpften STIMMEN von FRANK[15] und EDDI[16]

155

46.[2]

(78)[25]

EDDI (O.S.)[17]
Vielleicht hätt' ich's ihnen
doch sagen sollen, aber ich...
[22]

FRANK (O.S.)
(ärgerlich)[18]
Jetzt ist es vorbei, verstehst du?
(mehr)[19]
[20]

Eddi und Frank sitzen am Pier und beobachten den
Kampf der Möwen. Eddi zieht eine Pistole aus der Tasche.
Mit einem Auge starrt er in den Lauf.[21]
[22]

FRANK
(cont'd)[23]
Bist du wahnsinnig?
Hör auf mit dem Blödsinn!
(mehr)
[24]

47.[2]

(78)[25]
Frank streckt seine Hand aus.[26]

FRANK
(cont'd)
Gib mir das Ding.

Eddi läßt die Pistole um seinen Zeigfinger kreisen.[26]

48.[2]

(78)[25]

                    EDDI
        Ich steh' drauf, wenn du dir
        um mich Sorgen machst.

Frank nimmt Eddi die Pistole aus der Hand.[26]

                    FRANK
        Wird Zeit, daß du endlich
        mal was zu tun bekommst.

INNEN – HOTEL – TAG[27]

Franks Hand streichelt die Hüfte einer Frau. Frank küßt das [28]
MÄDCHEN AN DER REZEPTION [28] voller Leidenschaft.
Die beiden sind so vertieft in ihr Spiel, daß sie ZWEI ÄLTERE
GÄSTE [28] nicht bemerken, die unsicher ihren Schlüssel vom
Tresen nehmen.[29]
[30]

Gegenüber der Rezeption steht eine Musikbox. Die Musikbox
spielt den Oldie: »Born to be wild«. [31]

Franks P. O. V. – Die Musikbox[32]

                                        FADE OUT[1]

1) FADE IN: steht am Anfang des Skripts. FADE IN wird immer groß geschrieben und steht links, in der 8. Zeile der ersten Seite. – FADE OUT steht am Ende des Skripts. FADE OUT wird groß geschrieben und steht rechts, 4 Zeilen unterhalb der letzten Zeile des Skripts.

2) Die Seitenzahl befindet sich in der 4. Zeile, entweder in der Mitte der Seite oder am rechten Rand.

3) Der Drehbuchtext beginnt 4 Zeilen unterhalb der Seitenzahl. Dialogüberschriften immer in Großbuchstaben und etwa auf Seitenmitte linksbündig eingerückt.

4) (V.O.) = Voice Over bezeichnet Monologe von Sprechern, die den Bildern unterlegt sind, ohne daß der Sprecher zu sehen ist, Radio- oder Fernsehsprecher, Erzähler etc. Die Buchstaben V.O. werden immer groß geschrieben und neben die Dialogüberschrift gesetzt.

5) Regieanweisungen sollten auf das absolute Minimum begrenzt sein.

6) Wo Regieanweisungen unumgänglich sind, werden sie bündig mit dem linken Dialogrand direkt unter die Dialogüberschrift gesetzt. Sie sollten nicht mehr als 16 Zeichen einnehmen und lieber in mehreren Zeilen untereinander geschrieben sein. Zwischen verschiedenen Dialoganweisungen steht ein Semikolon (z.B.: »[ins Telefon; amüsiert]«).

7) Dialogtext steht immer linksbündig, aber in der Mitte der Seite unter der Überschrift, maximal 30 Anschläge pro Zeile. Der Dialogtext sollte in der nächsten Zeile weitergeführt werden, wenn ein Wort zu lang ist und die 30 Anschläge überschritten werden. Alle Worte sollten immer ganz ausgeschrieben werden, im Dialog also möglichst keine Trennstriche.

158

8) Auf Anweisungen, wie die Szene beendet wird, sollte der Autor vollkommen verzichten. CUT TO:, DISOLVE TO: oder FADE TO: werden heute nur noch selten gebraucht. Eine Szene wird beendet, indem nach der letzten Zeile der Szene 3 Zeilen Abstand gelassen werden. Danach folgt die Überschrift der nächsten Szene.

9) Wenn die Arbeit an einem Skript ihr Endstadium erreicht hat, können die einzelnen Szenen numeriert werden. Die Szenennummern befinden sich dann rechts und links von der Szenenüberschrift. Für die ersten Fassungen ist eine Numerierung überflüssig.

10) Die Überschrift der Szenenbeschreibung wird groß geschrieben. Szenenbeschreibungen stellen die Zeit und den Ort dar, an dem sich eine Szene abspielt. Eine Szene ist eine Folge dramatischer Handlungen, die solange andauert, bis sich Zeit oder Ort der Handlung verändern. An dieser Stelle beginnt dann die nächste Szene, die eingeleitet wird von einer neuen Szenenbeschreibung.

11) INNEN/AUSSEN sind immer die ersten Angaben der Szenenüberschrift. Danach folgt ein Leeranschlag, ein Bindestrich und noch einmal ein Leeranschlag, dann der Ort der Handlung, dann wieder ein Leeranschlag, ein Bindestrich und ein Leeranschlag und dann TAG/NACHT als Zeitangabe. TAG/NACHT reicht als Zeitangabe vollkommen aus. Wenn auf die Lichtverhältnisse genauer eingegangen werden muß (im Morgengrauen, bei Sonnenuntergang etc.), sollte das im Text der Szenenbeschreibung geschehen. Dabei sollte der Autor genauere Bestimmungen der Lichtverhältnisse nur dann festlegen, wenn das für den Verlauf der Geschichte notwendig ist. Wenn eine bestimmte Szene nur im Morgen-

grauen gedreht werden kann, dann kann das die Produktionskosten gewaltig erhöhen, genauso wie bestimmte Witterungsbedingungen, Wolkenformationen etc. All das sollte vom Autor, wenn möglich, offengelassen werden und der Entscheidung des Regisseurs überlassen bleiben.

12) Eine Leerzeile zwischen Szenenüberschrift und Szenenbeschreibung.

13) Für Hintergrund und Vordergrund werden die Abkürzungen H. G. und V. G. benutzt.

14) Alle Geräusche, die nicht in direkter Verbindung stehen zu dem, was die Kamera zeigt, werden in Großbuchstaben beschrieben. Großgeschrieben wird das, was das Geräusch erzeugt und der Klang des Geräusches, z. B. der WIND RAUSCHT, das TELEFON KLINGELT, das AUTO HUPT, es KLOPFT an der TÜR etc. Das Kreischen der Möwen ist in dem Beispiel nicht groß geschrieben, weil die Möwen im Bild zu sehen sind.

15) Die STIMMEN von FRANK und EDDI sind groß geschrieben, weil Eddi und Frank (O. S.) nicht zu sehen sind.

16) Die Szenenbeschreibungen sollten so kurz, klar und einfach wie möglich sein.

17) (O. S.) = Off Screen bezeichnet Dialoge, die von Personen gesprochen werden, die nicht im Bild zu sehen sind, während sie sprechen. Im Gegensatz zum Voice Over sind es hier Personen, die in der gezeigten Szene anwesend sind.

18) Ein Autor sollte dem Schauspieler möglichst viel Raum geben und das Drehbuch nicht mit Hinweisen für Schauspieler überfrachten. Die Gefühle, die der Schauspieler ausdrückt, sollten aus der Handlung hervorgehen und nicht extra beschrieben werden müssen. Lassen sich

Erläuterungen zum Dialog nicht vermeiden, dann sollten es maximal zwei Worte sein.

19) Wenn ein Dialog durch eine Szenenbeschreibung oder durch das Ende einer Seite unterbrochen wird, um danach weitergeführt zu werden, dann wird das dadurch deutlich gemacht, daß an der Stelle, an der der Dialog oder die Szenenbeschreibung abbricht »(mehr)« in die Mitte unter die letzte Dialogzeile/Szenenbeschreibung geschrieben wird.

20) Ist die Szene am Anfang generell beschrieben, wird danach die Aufmerksamkeit des Lesers auf einzelne Kameraeinstellungen gelenkt. Shots finden immer in der von der Szene vorgegebenen Zeit statt und machen auf bestimmte Punkte innerhalb des von der Szene vorgegebenen Ortes aufmerksam. Shots dienen dazu, bestimmte dramatische Vorgänge innerhalb einer Szene in den Mittelpunkt der Aufmerksamkeit zu rücken. Es sind kleine Detailbeschreibungen innerhalb einer Szene. Der Autor macht klar, daß sich an diesen Stellen der Blickwinkel ändert, ohne daß er deswegen Kameraeinstellungen erwähnt.

21) Während die Autoren bis in die 60er Jahre hinein grundsätzlich Kameraanweisungen gaben, ist man heute vollkommen davon abgekommen. Wer heute als Autor Kameraanweisungen in sein Skript schreibt, der demonstriert, daß er ein Anfänger ist. Technische Begriffe wie SCHWENKS, CLOSE UP etc. lenken die Aufmerksamkeit des Lesers unnötigerweise von der Geschichte ab, und sowohl Kameraleute als auch Regisseure sehen es nicht gerne, wenn ein Autor ihnen vorzuschreiben versucht, wie gewisse Szenen zu sehen sind. Der Autor sollte

161

daher in der Lage sein, den Blick des Lesers auf die Einzelheiten der Szene zu richten, die ihm wichtig erscheinen, ohne daß er zu umständlichen technischen Begriffen oder Formulierungen wie: »Wir sehen...« oder: »Der Blickwinkel der Kamera weitet sich« etc. greifen muß.

22) Zwischen zwei aufeinanderfolgenden Dialogen und zwischen Shot, Szenenbeschreibung und Dialogen jeweils eine Zeile Abstand.

23) Wird ein Dialogtext oder eine Szenenbeschreibung nach der Ankündigung »(mehr)« und nach der darauffolgenden Unterbrechung wieder aufgenommen, dann steht unter der Dialogüberschrift »(cont'd)« = continued = fortgesetzt. Damit wird darauf hingewiesen, daß der Text, der durch Seitenwechsel oder Szenenbeschreibung unterbrochen war, jetzt fortgesetzt wird.

24) Die letzte Dialogzeile sollte 4 cm vom unteren Blattrand enden. Eine Dialogüberschrift sollte von mindestens zwei Zeilen Dialog gefolgt sein, bevor er wegen Seitenwechsels unterbrochen wird. Ebenso sollte die Überschrift der Szenenbeschreibung von mindestens einem Satz gefolgt sein, wenn die Seite gewechselt werden muß. Sind zwei Dialogzeilen oder ein Satz zur Szenen- oder Shotbeschreibung auf der Seite nicht mehr unterzubringen, dann ist es besser, den Raum frei zu lassen und mit dem Dialog bzw. der Szenen- oder Shotbeschreibung auf der nächsten Seite zu beginnen. Auf jeden Fall sollten alle Sätze am Ende einer Seite immer vollständig sein.

25) Wenn Szenenbeschreibungen numeriert sind, wird die jeweilige Szenennummer in Klammern an den Anfang jeder neuen Seite gesetzt.

26) Beschreibungen, die die Aufmerksamkeit auf bestimmte Details oder Handlungen lenken, werden immer, auch wenn sie sehr kurz sind, in eine extra Zeile gesetzt und niemals in Klammern unter die Dialogüberschrift.

27) Die Szenenüberschrift beginnt 12 Zeichen vom linken Blattrand und läuft über die ganze Zeilenlänge. Bei numerierten Szenen wird die Szenenbeschreibung darunter links so eingerückt, daß der Raum unter der Szenennummer frei bleibt. Worttrennungen am Ende einer Zeile von Szenenbeschreibungen sind möglich.

28) Die Namen der Figuren werden groß geschrieben, wenn sie zum ersten Mal auftreten. Danach werden die Namen groß/klein geschrieben. Die Biker in der vorangehenden Szene wurden groß/klein geschrieben. Wir müssen daher annehmen, daß sie schon vorher im Skript vorgestellt wurden. Wird eine Person mit ihrer Tätigkeit und mit ihrem Namen eingeführt, wird nur der Name groß geschrieben, z. B. der Bauer GÖBEL geht in die Kirche. Wenn der Name nicht genannt ist, wird BAUER groß geschrieben.

29) Alles, was in einem Drehbuch beschrieben wird, ist im Präsens dargestellt. Das Drehbuch beschreibt immer und ausschließlich das »Jetzt«, das von der Kamera gefilmt wird.

30) Mit einer Zeile Abstand innerhalb einer Szenenbeschreibung kann der Autor einen neuen Shot andeuten, vgl. auch Punkt 20/21.

31) Da die Musikbox in der Szene zu sehen ist, wird weder das Wort »Musikbox« noch der Titel des Songs groß geschrieben. Musik wird vom Autor im Drehbuch nur erwähnt, wenn sie Bestandteil der Handlung der Geschichte

ist. Also Radiomusik, Musik, die von den handelnden Figuren gemacht wird etc. Die Hintergrundmusik des Films zu bestimmen, gehört nicht zu den Aufgaben des Drehbuchautors.

32) Wenn in bestimmten Shots der Blickwinkel ausgedrückt werden soll, von dem aus die Szene gesehen wird, kann der Autor das durch den Term P.O.V. (Point of View) klarmachen. Eleganter ist es, darauf zu verzichten und das Bild so zu beschreiben, daß automatisch klar ist, von welchem Standpunkt aus die Szene gesehen wird (in unserem Beispiel: Frank beobachtet die Musikbox).

Ein Drehbuch beschreibt nur, was zu sehen und zu hören ist. Gedanken oder Absichten einer Figur haben in einem Drehbuch keinen Platz. All das muß durch Dialog, nonverbale Kommunikation oder Handlungen und Entscheidungen der Personen ausgedrückt werden.

Ein Projekt einreichen

Es herrscht viel Verwirrung über die Begriffe Synopsis, Exposé, Treatment, Step-Outline und Drehbuch. Im Folgenden werden die verschiedenen Stufen der Präsentation eines Projektes von der Idee bis zum Drehbuch näher erläutert.

Synopsis/Exposé

Eine Synopsis ist dasselbe wie ein Exposé. Sie wird meistens dann verfaßt, wenn der Autor den Redakteur oder den Produzenten schon mündlich von seinem Projekt unterrichtet hat, wenn also der mögliche Partner bereits eine Ahnung davon hat, worum es geht. Hauptzweck der Synopsis ist, die Geschichte so kurz und interessant wie möglich zu erzählen. In einer Synopsis geht es nicht darum, die dramatische Entwicklung der Geschichte vollständig auszubreiten; in ihr werden nur der zentrale Konflikt, die wichtigsten Figuren und das Genre kurz vorgestellt.

Wie das Skript, so ist auch die Synopsis in der Gegenwartsform geschrieben. Die Länge beträgt zwischen einer und fünf Seiten. Eine Synopsis ist dramatisch nicht besonders; sie kann aber von entscheidender Bedeutung sein, wenn es um die Frage der Finanzierung geht. Deshalb ist es sehr wichtig, daß man in der Synopsis das »Aufregende« erkennen kann, wodurch sich dieses Projekt vor anderen auszeichnet. Eine schlecht geschriebene Synopsis begnügt sich mit einer Aufzählung der Hauptereignisse. Dergleichen liest sich langweilig und kann ein Projekt von Anfang an zum Scheitern verurteilen.

Outline

Die Outline gibt sämtliche Schritte der Geschichte in kürzester Form wieder. Es geht hierbei vor allem um die Handlungen, die die Geschichte vorantreiben. Wichtige Dialoge werden mit wenigen Worten kurz beschrieben. In der Outline geht es nicht um literarische Perfektion. Oft finden sich hier unvollständige Sätze oder nur Stichworte, die als Gedächtnisstützen dienen. Die Outline ist lediglich ein Hilfsmittel für den Autor, an das er sich hält, wenn er die Struktur der Geschichte formt. Besteht eine enge Zusammenarbeit mit Regisseur oder Produzent, dann kann der Autor gemeinsam mit ihnen an der

165

Outline arbeiten. Eine Outline für ein Skript von 120 Seiten ist etwa 10 bis 15 Seiten lang.

Working-Treatment

Ein Working-Treatment für einen 120-Minuten-Film hat eine Länge von etwa 20 bis 40 Seiten. In einem Working-Treatment wird der Ablauf der Geschichte, chronologisch vom Anfang bis zum Ende, aber ohne Dialoge erzählt. Auch wenn das Treatment nicht in Szenen geschrieben ist, sollte es dem Leser eine genaue Vorstellung darüber vermitteln, wie die Figuren, Orte und dramatischen Konflikte im ersten Akt eingeführt werden. Es muß klar werden, wie die Konflikte im zweiten Akt vorangetrieben und im dritten gelöst werden. Sind Produzent oder Regisseur bereits jetzt mit von der Partie, so ist das Working-Treatment das Papier, das alle gemeinsam solange diskutieren, bis der Verlauf der Geschichte feststeht und der Autor mit dem Schreiben des Drehbuches beginnen kann.

Selling-Treatment

Für ein Selling-Treatment hat der European Script Fund einen inoffiziellen Standard gesetzt: 12 bis 15 Seiten bei einem Kino-Film, bei kürzeren Filmen entsprechend weniger.

Ein Selling-Treatment unterscheidet sich nicht grundsätzlich von einem Working-Treatment; es ist eine polierte, verfeinerte und verkaufsorientierte Version desselben. Was ein Selling-Treatment bezweckt, ist klar: Es soll Geld anziehen – sei es von Förderinstitutionen, Verleihern, Sendern oder Produzenten. Dazu muß es eine positive Antwort auf eine

Hauptfrage geben: Ist die Geschichte es wert, einen Film daraus zu machen?

Wie eine gute Synopsis, so sollte auch das Selling-Treatment mehr beinhalten als nur eine Aufzählung der Ereignisse der Handlung. Die Stimmung, in die uns der projektierte Film versetzen wird, sollte hier bereits zu ahnen sein.

Drehbuch

Beim Schritt vom Treatment zum Drehbuch geht es vor allem um eins: Wie übersetze ich die Handlungen und Figuren so in einzelne Szenen, daß sie die zugrundeliegenden Ideen der Geschichte am besten wiedergeben? Wie sieht der Ort der Handlung aus? Ist es Tag oder Nacht? Wer dominiert die Szene? Wer ist der Antagonist in der Szene? Was ist dessen Ziel? Wer ist der Protagonist? Was ist das Ziel des Protagonisten in der Szene? Welche Hindernisse hat er zu überwinden? Wird der Konflikt innerhalb der Szene gelöst oder nicht? Welche neue Frage entsteht in der Szene? Während das Treatment so Szene für Szene aufgelöst wird, entsteht langsam, aber sicher das Drehbuch.

VERMARKTUNG

Die wichtigste Rolle beim Filmemachen spielen die Autoren. Wir müssen alles in unserer Macht Stehende tun, um zu verhindern, daß sie es herausfinden.

Irving Thalberg, Produzent

Kino

Für den Produzenten ist das Drehbuch von absolut grundlegender Bedeutung. Ohne ein Drehbuch ist er nichts. »Was ist ein Produzent ohne ein Drehbuch?« fragt ein Hollywood-Insider-Witz. »Ein Mann mit einem BMW«, lautet die Antwort. Nur mit einem guten Buch kann der Produzent Stars für ein Projekt begeistern. Stars und Buch gemeinsam öffnen dem Produzenten die Türen der Verleiher, Sender und sonstigen Geldgeber.

Ein gutes Drehbuch ist damit bares Geld wert. Die Verhandlungen darüber, wieviel Geld für ein Drehbuch bezahlt wird, sollte der Autor einem erfahrenen Medienanwalt oder einem Agenten überlassen. Festgelegte Honorare gibt es keine, alle Konditionen sind Verhandlungssache. Anders als in den USA gibt es in Deutschland keine »Gewerkschaft« der Drehbuchautoren, die deren Rechte gegenüber den Filmproduzenten vertritt und Mindesthonorare etc. vereinbart.

Die Höhe des Honorars bei Kinospielfilmen hängt davon ab, wie etabliert der Autor ist bzw. ob es sich um eine internationale Coproduktion handelt. Zusätzlich zum Honorar erhalten Autoren oft prozentuale Gewinnbeteiligungen, die sich auf Kinoauswertung, Video, Merchandising und Auslandsverwertung beziehen. Bei der Gewinnbeteiligung sollte der Autor immer auf einem Berechnungsmodus bestehen, der »kreative Buchhaltung« von Seiten des Produzenten ausschließt.

Unbekannte Autoren müssen ein fertiges Drehbuch oder mindestens ein Treatment haben, wenn sie sich an einen Produzenten wenden. Eine Synopsis allein genügt nicht, auch wenn ihre Filmidee noch so genial sein sollte. Kein Produzent wird eine Synopsis kaufen von einem Autor, der noch nicht bewiesen hat, daß er auch in der Lage ist, ein Drehbuch zu schreiben. Treatment oder Drehbuch für einen Kinospielfilm schickt der Autor direkt an den Produzenten. Vorherige Rücksprache mit der Produktionsfirma ist notwendig, um zu klären, ob Interesse an dem vorgeschlagenen Stoff besteht.

Die Adressen der deutschen Spielfilmproduzenten können bei den Produzentenverbänden erfragt werden:

Bundesverband Deutscher Fernsehproduzenten e.V.
Widenmayerstraße 32
80538 München
Telefon 089/21 21 47 10

Arbeitsgemeinschaft
Neuer Deutscher Spielfilmproduzenten e.V.
Agnesstraße 14
80798 München
Telefon 089/27 17 74 30

Verband Deutscher Spielfilmproduzenten e.V.
Beichstraße 8
80802 München
Telefon 089/39 11 23

Filmförderung

Wer ohne Auftrag ein Drehbuch schreibt, der hat keine Garantie auf Entlohnung. Für unbekannte Autoren gibt es aber meistens keinen anderen Weg, als zu schreiben, wenn sie der Welt und sich selbst ihr Talent beweisen wollen. Damit auch neue, unbekannte Autoren die Möglichkeit haben, ihre Ideen frei von finanziellen Sorgen zu realisieren, gibt es in Deutschland verschiedene Drehbuchförderungsprogramme. Wer eine Idee für einen Film hat und sie in einem etwa 10seitigen Treatment kurz zusammenfaßt, der kann damit Filmförderungsmittel beantragen. Gefördert wird vom Bund und von den Ländern durch Zuschüsse und zinsgünstige Darlehen. Außerdem gibt es den European Script Fund, der Drehbücher aus EG-Ländern fördert.

Jede Institution hat ihre eigenen Vergaberichtlinien. Entsprechend unterschiedlich sind auch die Geldbeträge, mit denen Filmskripts gefördert werden (zwischen 30000 DM und 100000 DM). Generell läßt sich aber ein Trend feststellen, der neuen Drehbuchautoren Mut machen sollte: wegen des Mangels an guten Skripts steigen die Förderungssätze seit Jahren. Wie hoch sie im einzelnen sind, was gefördert wird und aufgrund welcher Voraussetzungen, darüber informiert man sich am besten bei den verschiedenen Institutionen direkt.

Fernsehen

Wer seine Geschichte beim Fernsehen unterbringen will, der setzt sich mit den Fernsehspielabteilungen der verschiedenen deutschen TV-Sender in Verbindung. Ein Telefonat klärt rasch, welche Abteilung für das Thema in Frage kommt und ob der Sender an der Geschichte interessiert ist. Es ist aber auch möglich, Treatment oder Drehbuch einfach nur mit einem entsprechenden Begleitschreiben an den Sender zu schicken. Auch unaufgefordert eingesandte Skripts werden von öffentlich-rechtlichen Sendern in der Regel gelesen und beurteilt. Allerdings dauert es in diesem Fall oft mehrere Monate, bis der Autor eine Antwort erhält. In den deutschen TV-Redaktionen stapelt sich die Arbeit, weil offenbar immer mehr Fernsehzuschauer glauben, daß sie sich das, was sie täglich sehen, auch selbst ausdenken können, und frisch drauflosschreiben.

Die Bezahlung bei den Fernsehsendern ist unterschiedlich. Sie hängt davon ab, ob der Sender Wiederholungen honoriert oder mit einem Buyout-Vertrag auch gleich sämtliche Auslands- und Wiederholungsrechte mitkauft. Weiterhin ist die Höhe des Honorars wie beim Kinofilm davon abhängig, wie etabliert ein Autor ist, ob es sich um eine europäische Gemeinschaftsproduktion handelt etc.

Die Staffelungen, nach denen die Arbeit der Drehbuchautoren honoriert wird, liegen in Deutschland ebenfalls nicht fest. In England haben die dortige Writer's Guild und der Produzentenverband eine Stufenvereinbarung geschlossen, die folgendermaßen aussieht:

1. Treatment Auftrag 10%
2. Abnahme Treatment 10%
3. Auftrag 1. Fassung Drehbuch 20%
4. Lieferung 1. Fassung Drehbuch 20%
5. Auftrag 2. Fassung Drehbuch 10%
6. Abnahme 2. Fassung Drehbuch 30%

174

Ob es besser ist, ein Drehbuch gleich einem Sender anzu-
bieten, oder ob der Autor damit lieber zu einem Produzenten
gehen sollte, das muß von Fall zu Fall entschieden werden.
Eine Liste mit den Anschriften der deutschen TV-Produzenten
gibt es auf Anfrage bei deren Verband.

Autoren, deren Drehbücher produziert und ausgestrahlt
wurden, egal ob als Film oder im Fernsehen, sollten Mitglied
bei der V. G. Wort (Verwertungsgesellschaft Wort) werden.
Über diese Vereinigung bekommt der Autor Geld für Video-
rechte, den »Kneipenpfennig« etc.

There's no business like showbusiness

Das ganz große Geld winkt Drehbuchautoren jenseits des
Atlantik. In Hollywood erzielen Drehbuchschreiber inzwischen Spitzenhonorare von 5 Millionen Dollar pro Skript;
Tendenz steigend. Mit Treatments ist hier allerdings kein
Geld zu holen. Anders als deutsche TV- und Filmproduzenten bestehen US-Filmemacher bei Neulingen grundsätzlich
auf einem fertigen Drehbuch.

Die Chancen auf einen derartigen Vermögenszuwachs sind
für Anfänger allerdings etwa genauso groß wie die Aussicht
auf einen Sechser beim Lotto. Trotzdem wächst die Zahl der
Drehbuchschreiber in den USA seit Jahren ebenso wie die
Skriptberge auf den Schreibtischen von Agenten, Produzenten und Schauspielern. Drehbuchschreiben ist in den USA
inzwischen zum Volkssport geworden. Hausfrauen, Lehrer,
Gefängnisinsassen, Bedienungen, Obdachlose, Studenten...
alle hoffen auf das große Hollywood-Geld. Aber wer soll das

175

alles lesen? Selbst bei bestem Willen kann das niemand. Um in der Drehbuchflut nicht zu ertrinken, haben die bedrängten Filmleute Schutzwälle aufgerichtet. Vor allem die Drehbücher von Erstlingen bleiben daran hängen. Die Filmprofis wissen aus Erfahrung, daß 95 Prozent der Erstlingswerke irreparable dramaturgische Mängel haben. Unbekannte Autoren müssen schon sehr kreativ sein, wenn sie erreichen wollen, daß irgend jemand aus der Filmbranche auch nur die ersten zehn Seiten ihres Skripts liest.

Daß es nicht unmöglich ist, als unbekannter Autor zu den Spitzen der Branche vorzudringen, beweisen die Ausnahmen: Neulinge, die die Schutzwälle von Hollywoods Filmindustrie überwinden und die mit ihren Skripts den Jackpot knacken, gibt es immer wieder.

Warum es also nicht einfach mal probieren? Versuchen sollten das allerdings nur diejenigen Autoren, deren Selbstvertrauen und Hartnäckigkeit durch nichts erschüttert werden kann und die außerdem einen Hang zum Glücksspiel mitbringen.

Was gibt es für sie zu tun?

1. *Registrieren des Skripts bei der WGA West*

Die WGA West (Writer's Guild of America West) ist die »Gewerkschaft« der Autoren. Die Registrierung ist einfach. Man erkundigt sich nach der aktuellen Gebühr (im Moment 20 Dollar) und schickt sein Skript ungebunden und auf US-Standardpapierformat mit einem entsprechenden Scheck an die Guild. Wer sowieso in L. A. ist, der kann sein Skript auch persönlich abgeben.

Von der Writer's Guild erhält man nach der Registrierung eine Bescheinigung, auf der das Datum der Abgabe, Titel

des Drehbuchs und der Name des Autors vermerkt sind.
Damit ist die Autorschaft nachgewiesen. Wenn das Drehbuch
dann eines Tages verkauft ist und zwanzig andere Leute be-
haupten, sie hätten sich dieselbe Geschichte schon viel früher
ausgedacht, dann kann der Autor nachweisen, daß die Geschichte unbezweifelbar auf seinem eigenen Mist gewachsen
ist und daß er sie nicht irgendwo abgeschrieben hat.

Writers Guild of America, West Inc.
7000 W. Third Street
Los Angeles, CA 90048
Telefon 001 213/782-45 22
Fax 00 12 13/782-48 02

WGA-Registrierung ist auch für Skripts möglich, die nicht in
englischer Sprache geschrieben sind. Da eine derartige Institution in Deutschland fehlt, ist eine WGA-Registrierung auch
für diejenigen Autoren keine schlechte Idee, die ihr Skript in
Deutschland verkaufen wollen.

2. *Die Suche nach dem Agenten*
Dieser Schritt ist die erste, wichtigste und zugleich schwierig-
ste Hürde, die ein unbekannter Autor in Hollywood überwinden muß. Ein Agent ist für jeden Hollywood-Autor ein
absolutes Muß. Wer nicht von einem Agenten vertreten ist,
der wird von keinem professionellen Filmemacher gelesen.
Das hat vor allem rechtliche Gründe; außerdem sehen die
Profis in den Agenten aber auch einen ersten Schutzwall, an
dem Skripts mit groben dramaturgischen Mängeln scheitern.

Täglich werden die Agenturen von neuen Drehbuchfluten
überschwemmt. Aber auch der Tag eines Agenten hat nur
24 Stunden, und daher muß er sich genau überlegen, was er

liest und was nicht. Skripts, die unaufgefordert eingeschickt werden, haben keine Chance. So ergibt sich der erste Kontakt zu einem Agenten über das Telefon. Anrufe bei den großen und mittleren Agenturen können sich unbekannte Autoren getrost sparen. Sie werden dort nur rasch und bestimmt abgewimmelt. Ohne die persönliche Empfehlung irgendeiner Hollywood-Größe haben Anfänger hier keine Chance. Bleibt der Anruf bei einem der (meist kleinen) Agenten, die bereit sind, auch Erstlingsautoren zu lesen. Auf Anfrage verschickt die WGA West eine Liste, in der die entsprechenden Agenturen genannt sind.

Wer also nicht mit Arnold Schwarzenegger in die Schule gegangen ist und auch sonst über keine nennenswerten Hollywood-Kontakte verfügt, der fordere bei der WGA zugleich mit der Einsendung seines Skripts die Liste der »offenen« Agenturen an. Auch bei den »offenen« Agenturen ist der Einstieg nicht einfach. Nur wer in der Lage ist, seine Geschichte am Telefon in wenigen Sätzen so zusammenzufassen, daß sie spannend und originell klingt, hat eine Chance. Wenn der Agent dann tatsächlich das Skript anfordert, dann heißt das noch lange nicht, daß er es auch vertreten wird. Das wird er nur dann tun, wenn er zumindest den winzigen Bruchteil einer Chance sieht, es auch zu verkaufen. Schließlich bekommt der Agent nur dann sein Geld (10 Prozent des Autorenhonorars), wenn er auch einen Verkauf abgeschlossen hat.

3. *Kontakte, Kontakte, Kontakte . . .*

Wer einen Agenten hat, der hat die erste wichtige Hürde zu einem erfolgreichen Verkauf genommen. Dahinter warten aber schon die nächsten Prüfungen. Der Agent allein bietet nämlich noch keinerlei Garantie, daß das Skript nun auch von den richtigen Leuten gelesen wird. Kleine und mittlere Agenten haben nur eine begrenzte Anzahl von »heißen« Kontakten, denen sie das Skript anbieten können. Wird es dort abgelehnt, dann sind sie selbst nicht in der Lage, es zu den Leuten zu bekommen, die dem Autor eventuell vorschweben. Wer sein Skript gerne von Oliver Stone verfilmt hätte oder wer Kevin Costner in der Hauptrolle sieht, der muß selbst dafür sorgen, daß diese Leute sein Skript lesen. An diesem Punkt ist die Kreativität des Autors mindestens ebenso notwendig wie während des Schreibens. Skripts gelangten schon zu den Stars, indem sie über die hohen Mauern ihrer Villen geworfen wurden, indem sich die Autoren als Chauffeure und Gärtner verkleideten etc. Das ist keine Übertreibung oder Phantasie, sondern ganz einfach: Hollywood.

4. *Ruhig Blut*

Ist das Skript dann tatsächlich da, wo es hin soll, und wird es für interessant befunden, dann dauert es manchmal Monate, bis es zu einem Abschluß kommt. Lange entnervende Verhandlungen zwischen Agenten und Spezialanwälten begleiten jeden Drehbuchdeal. Wenn alles gut geht, wird am Ende ein Vertrag geschlossen, der voluminöser sein kann als das Drehbuch, um das es geht.

5. *Die Kehrseite der Medaille*

Ob der Autor, der sein Drehbuch für viel Geld in Amerika verkauft hat, sein Werk allerdings jemals auf der Leinwand bewundern kann, das steht in den Sternen. Die meisten Skripts, die von US-Produktionen gekauft werden, bleiben irgendwo auf dem Weg durch die Dramaturgie hängen und werden nie realisiert. Aber auch wenn sie verfilmt werden, ist der Autor vor Überraschungen nicht sicher. Manchmal ist die Handlung bis zur Unkenntlichkeit verändert, und es gibt nicht wenige Fälle, in denen der Film kaum mehr als ein paar Sätze aus dem Originaltext enthält. Wehren kann sich der Autor dagegen nicht. Der Käufer eines Drehbuchs hat, anders als in Europa, die Freiheit, mit dem Stoff zu verfahren, wie immer es ihm gefällt.

Und die Moral von der Geschicht'

Die Probleme der Vermarktung sollte kein Autor unterschätzen. Auf der anderen Seite helfen die richtigen Kontakte und Taktiken alleine auch nicht weiter. Gerade bei neuen Autoren sind Produzenten besonders vorsichtig und kaufen nur Qualität. Für den Autor geht es zuallererst ums Schreiben. Wer ein originelles, professionell geschriebenes Drehbuch vorweisen kann, hat damit die besten Voraussetzungen für einen Verkauf geschaffen.

Sitzt der Autor vor der ersten unbeschriebenen Seite oder dem leeren Computermonitor und schreibt: »FADE IN«, dann muß er alles Gelernte, alle dramaturgische Theorie, erst einmal vergessen. Durch die Brille des Dramaturgen kann er seine Geschichte immer noch betrachten, nämlich dann, wenn sie fertig geschrieben ist und überarbeitet wird. Aber jetzt, am Anfang, darf sich der Autor nur vom Verlauf seiner Geschichte leiten lassen. Dramaturgische Gebote dürfen sein Schreiben jetzt nicht bestimmen – mit einer Ausnahme: Es ist das ehern feststehende, heiligste und erste Gebot aller Dramatiker – und das lautet: du sollst nicht langweilen!

NACHWORT

Nach Erscheinen der ersten Ausgabe von *Das Drehbuch* erreichten mich viele Anfragen von Autoren, Produzenten, Regisseuren und Sendern. Es ging um Erstellung von Drehbüchern, Romanverfilmungen, weiterführende dramaturgische Beratung, Überarbeitungen etc. Ich habe dazu eine Web-Site eingerichtet. Dort sind die Gebiete beschrieben, auf denen ich tätig bin. Wer sich diesbezüglich informieren möchte, der ist herzlich eingeladen, meine Web-Site zu besuchen:

http://ourworld.compuserve.com/homepages/cphant

LITERATUR

Drehbuchdramaturgie/Vermarktung

Alan A. Armer, *Writing The Screenplay*, 1992

Rachel Friedman Ballon, *Blueprint For Writing*, 1994

Hy Bender, *Essential Software For Writers*, 1994

Robert A. Berman, *Fade In: The Screenwriting Process*, 1988

Irvin R. Blacker, *The Elements of Screenwriting*, 1986

Richard Blum, *Television and Screen Writing*, 1995

Ben Brady, *The Understructure Of Writing For Film And Television*, 1988

ders., *Principles Of Adaption For Film And Television*, 1994

Alfred Brenner, *TV Scriptwriter's Handbook*, 1980

Jean Claude Carriere, *The Secret Language of Film*, 1994

The Complete Guide To Standard Script Formats; Part 1: *The Screenplay* von Hillis Cole und Judy Haag, 1980; Part 2: *Taped Formats for Television* von Judy Haag, 1980

Dana Cooper, *Writing Great Screenplays For Film And TV*, 1994

Linda Cowgill, *Writing Short Films*, 1997

Ken Dancyger, *Broadcast Writing*, 1991

ders. und Jeff Rush, *Alternative Scriptwriting*, 1995

ders. und Pat Cooper, *Writing The Short Film*, 1994

W. L. Davis, Jr., *Screenplay Companion*, 1993

Carlos De Abreu und Howard Jay Smith, *Opening The Doors To Hollywood*, 1995

Madeline DiMaggio, *How To Write For Television*, 1990

Ray DiZazzo, *Corporate Scriptwriting: A Professional's Guide*, 1996

Edward Dmytryk, *On Screen Writing*, 1985

Maren Elwood, *Characters Make Your Story*, 1987

Syd Field, *Screenplay: The Foundation Of Screenwriting From Concept To Finished Script*, 1982

ders., *The Screenwriters Workbook*, 1984; dt. *Das Handbuch zum Drehbuch*, Zweitausendeins, 1991

ders., *The Screenwriter's Problem Solver*, 1998

ders., *Selling A Screenplay*, 1989

ders., *Four Screnplays: Studies in American Screenplay*, 1994

William Froug, *Zen And The Art Of Screenwriting*, 1996

ders., *Screenwriting Tricks of The Trade*, 1992

ders., *The New Screenwriter Looks At The New Screenwriter*, 1992

ders., *The Screenwriter Looks At The Screenwriter*, 1972

Barry Hampe, *Video Scriptwriting*, 1993

Erich Leon Harris, *African-American Screenwriters Now*, 1996

Michael Hauge, *Writing Screenplays That Sell*, 1988

Katherine A. Herbert, *Writing Scripts Hollywood Will Love*, 1994

Marylin Hoder-Salmon, *Kate Chopin's The Awakening: Screenplay As Interpretation*, 1992

Andrew Horton, *Writing The Character-Centerde Screenplay*, 1994

David E. Howard und E. Mabley, *The Tools Of Screenwriting*, 1993

Lew Hunter, *Lew Hunter's Screenwriting 434*, 1993

Mary C. Johnson, *The Scriptwriter's Journal*, 1995

Erik Joseph, *How To Enter Screenplay Contests And Win*, 1996

Inga Karetnikowa, *How Scripts Are Made*, 1990

T. L. Katahn, *Reading For A Living*, 1990

Christopher Keane, *Keane On Screen: The New Screenwriter's Workshop*, 1995

Viki King, *How To Write A Movie In 21 Days*, 1988

Robert Kosberg, *How To Sell Your Idea To Hollywood*, 1991

Donna Lee, *Magic Methods of Screenwriting*, 1995

Edmond Levy, *Making A Winning Short: How To Write, Direct, Edit And Produce A Short Film*, 1994

Paul Lucey, *Storysense: Writing Story And Script For Feature Films And Television*, 1996

Robert McKee, *Story*, 1997

Margaret Mehring, *The Screenplay: A Blending Of Film Form And Film Content*, 1989

Lee Clark Mitchell, *Westerns: Making The Man in Fiction And Film*, 1996

John Morley, *Scriptwriting For High-Impact Videos*, 1991

William H. Phillips, *Writing Short Scripts*, 1991

Kenneth Portnoy, *Screen Adaption: A Screenwriting Handbook*, 1991

Rick Reichman, *Formatting Your Screenplay*, 1992

Wells Root, *Writing The Script: A Practical Guide For Films And TV*, 1979

Alan Rosenthal, *Writing Docudrama: Dramatizing Reality For TV*, 1995

Jean Rouverol, *Writing For Daytime Drama*, 1992

Cart Sautter, *How To Sell Your Screenplay*, 1992

Karl Schanzer, Thomas L. Wright, *American Screenwriters: The Insider's Look At The Art, The Craft, And Business Of Writing Movies*, 1993

Linda Seger, *Creating Unforgettable Characters*, 1990

dies., *Making A Good Script Great: A Guide For Writing And Rewriting*, 1994

dies., *The Art Of Adaption: Fact And Fiction Into Film*, 1991

dies. und Edward Jay Whetmore, *From Script To Screen*, 1994

Linda Stuart, *Getting Your Script Through The Hollywood Maze*, 1992

Dwight V. Swain, *Film Scriptwriting*, 1988

Dwight V. Swain und Joye R. Swain, *Scripting For The New AV Technologies*, 1991

James Thomas, *Script Analysis For Actors, Directors And Designers*, 1992

Ronald B. Tobias, *The Insider's Guide To Writing For Screen And TV*, 1997

David Trottier, *The Screenwriter's Bible: A Complete Guide To Writing, Formatting And Selling Your Script*, 1995

Richard Walter, *Screenwriting*, 1988
ders., *The Whole Picture: Strategies for Screenwriting Success in the New Hollywood*, 1997
Jürgen Wolff und Kerry Cox, *Top Secrets: Screenwriting*, 1993
ders. und Kerry Cox, *Successful Scriptwriting*, 1996
Tony Zaza, *Script Planning*, 1993

Komödien

Melvin Helitzer, *Comedy Writing Secrets*, 1987
Gene Perret, *Comedy Writing Step By Step*, 1982
Sol Saks, *Funny Business: The Craft Of Comedy Writing*, 1985
John Vorhaus, *The Comic Toolbook*, 1994

Schreiben (allgemein)

Ray Bradbury, *Zen And The Art Of Writing*, 1994
Joseph Campbell, *The Hero With A Thousand Faces*, 1968; dt.: *Der Heros in tausend Gestalten*, 1978
ders., *The Power Of Myth*, 1988; dt.: *Die Kraft der Mythen. Bilder der Seele im Leben der Menschen*, 1994
Doran William Cannon, *Authorship: The Dynamic Principles Of Writing Creatively*, 1993
Lajos Egri, *The Art Of Dramatic Writing*, 1946
ders., *The Art Of Creative Writing*, 1965
Natalie Goldberg, *Writing Down The Bones: Freeing The Writer Within*, 1986
dies., *Wild mind: Living The Writer's Life*, 1990
Georges Polti, *Thirty-Six Dramatic Situations*, 1921
Tom Sawyer und Arthur David Weingarten, *Plots Unlimited*, 1994
William Strunk und E. B. White, *Elements Of Style*, 1979
Ronald B. Tobias, *Theme And Strategy*, 1989
ders., *20 Master Plots*, 1993; dt.: 1999, Zweitausendeins (im Erscheinen)

Christopher Vogler, *The Writer's Yourney: Mythic Structure For Storytellers And Screenwriters*, 1992; dt.: *Die Odyssee des Drehbuchschreibers*, Zweitausendeins, 1997, erweitert 1998

Biographien, Historie (US)

Lizzie Francke, Script Girls: *Women Screenwriters In Hollywood*, 1994
Richard Fine, *West Of Eden: Writers In Hollywood 1928–1940*, 1993
William Goldman, *Adventures In The Screentrade*, 1983
Ian Hamilton, *Writers In Hollywood 1915–1951*, 1990
Marsha McCreadie, *The Women Who Write The Movies*, 1994

Recht, Verträge (USA)

Stephen F. Breimer, *Clause By Clause: The Screenwriter's Legal Guide*, 1995
Tad Crawford und Tony Lyons, *The Writer's Legal Guide*, 1996
Stephen Fichman, *The Copyright Book: How To Protect And Use Written Works*, 1996
Ronald Goldfarb und Gail Ross, *The Writer's Lawyer: Essential Legal Advice For Writers And Editors In All Media*, 1989
Paul Goldstein, *Copyright's Highway: The Law And Lore Of Copyright From Gutenberg To Celestial Jukebox*, 1994
Jonathan Kirsch, *Kirsch's Handbook Of Publishing Law*, 1995
Mark Litwak, *Dealmaking In The Film And TV Industry*, 1994
ders., *Contracts For The Film And TV Industry*, 1994
Thomas Mallon, *Stolen Words*, 1989
Kenneth P. Norwick, *The Rights Of Authors, Artists And Other Creative People*, 1992
William S. Strong, *The Copyright Book*, 1992
Brooke A. Wharton, *The Writer Got Screwed* (But Didn't Have To), 1996

Fachzeitschriften (USA)

Written By
Writers Guild of America, 7000 W. Third Street, Los Angeles,
CA 90048-4329, USA
Telefon: 001/213/951-40 00, Fax: 001/213/782-48 00
Internet: http://www.wga.org

Creative Screenwriting
6404 Hollywood Blvd. St. 415, Los Angeles, CA 90028, USA
Telefon: 001/213/957-14 05, Fax: 001/213/957-14 06
e-mail: scrnwrt@aol.com

DGA Magazine
Directors Guild Of America, 7920 Sunset Blvd. 5th floor,
Los Angeles, CA 90046-0907
Telefon: 001/310/289-20 35, Fax: 001/310/289-53 40
e-mail: dgamag@dga.org

Script - The Screenwriter's Magazine
5455 Wilshire Blvd. St. 1500, Los Angeles, CA 90036-4201
Telefon: 001/213/932-56 06, Fax: 001/213/932-61 11
e-mail: scriptmg@erols.com

The New York Screenwriter
545 8th Avenue St. 401, New York, NY 10018-4307
Telefon: 001/800/418-56 37

Hollywood Scriptwriter
P.O. Box 10277, Burbank, CA 91510
Telefon: 001/818/845-55 25, Fax: 001/818/709-75 40
Internet: http://www.hollywoodscriptwriter.com

ADRESSEN

Ausbildung / Weiterbildung

Drehbuch-Akademie Berlin
Deutsche Film- und Fernseh-
akademie Berlin (dffb)

Heerstraße 18–20
14052 Berlin
Telefon 030 / 30 09 04 34

Master School Drehbuch

August-Bebel-Straße 26–53
14482 Potsdam-Babelsberg
Telefon 03 31 / 7 21 28 86
e-mail: MasterSchool@compuserve.com

Hochschule für Fernsehen
und Film »Konrad Wolf«
(HFF) Potsdam-Babelsberg

Karl-Marx-Straße 33–34
14482 Potsdam
Telefon 03 31 / 7 46 90
Internet: http://www.hff-potsdam.de

Hamburger Filmwerkstatt e.V.

Friedensallee 9
22765 Hamburg
Telefon 040 / 39 82 61 38
Internet:
http://www.rrz.uni-hamburg.de/as-film/
(Studiengang Drehbuch über die Universität
Hamburg, Aufbaustudium Film, am Institut für
Theater, Musiktheater und Film)

medien und kulturarbeit e.V.
Filmhaus Hamburg

Friedensallee 7
22765 Hamburg
Telefon 040 / 39 82 62 82
e-mail:
medienundkulturarbeit@t-online.de

189

Drehbuch-Werkstatt
Niedersachsen
Film & Medienbüro
Niedersachsen e.V.

Gerberstraße 16
30169 Hannover
Telefon 05 11 / 1 34 80

Medien-Werkstatt Linden e.V.

Charlottenstraße 5
30449 Hannover-Linden
Telefon 05 11 / 44 05 00

Drehbuchwerkstatt
Rhein/Ruhr e.V.

Fliednerstraße 32
40489 Düsseldorf
Telefon 02 11 / 4 08 95 18
e-mail: 101677.1543@compuserve.com

Filmwerkstatt Düsseldorf e.V.

Fliednerstraße 32
40489 Düsseldorf
Telefon 02 11 / 4 08 07 01

Filmwerkstatt Essen

Schloßstraße 101
45355 Essen
Telefon 02 01 / 68 40 97
e-mail: filmwerkstatt-essen@t-online.de

Filmwerkstatt Münster

Gartenstraße 123
48147 Münster
Telefon 02 51 / 2 30 36 21

Schreibschule Köln e.V.

St. Apernstraße 20 – 26 A
50667 Köln
Telefon 02 21 / 92 01 88 11

Kölner Filmhaus e.V.

Maybachstraße 111
50670 Köln
Telefon 02 21 / 2 22 71 00
e-mail: K.filmhaus@t-online.de

Filmhaus Frankfurt e.V.	Schützenstraße 12 60311 Frankfurt am Main Telefon 069 / 13 37 99 94
ZFP Wiesbaden Zentrale Fortbildung der Programmitarbeiter (ARD/ZDF)	Unter den Eichen 5 65195 Wiesbaden Telefon 06 11 / 59 05 04 (auch »freie« Workshops)
Katholische Medienakademie (kma)	Studio Ludwigshafen Frankenthaler Straße 229 67059 Ludwigshafen Telefon 06 21 / 59 17 20
Filmakademie Baden-Württemberg	Mathildenstraße 20 71638 Ludwigsburg Telefon 0 71 41 / 96 90
HFF München Hochschule für Fernsehen und Film	Frankenthaler Straße 23 81539 München Telefon 089 / 68 95 70
Drehbuchwerkstatt München	Brecherspitzstraße 8 81539 München Telefon 089 / 69 70 81 74 Internet: http://www.drehbuchwerkstatt.de
Drehbuch-Forum Wien Filmhaus Wien	Stiftgasse 6 A-1070 Wien Telefon 00 43 / 1 / 5 26 85 03-500
Filmschule Wien	Pillergasse 8 A-1150 Wien Telefon 00 43 / 1 / 8 95 44 99

191

Ausbildung in den USA

Die Ausbildung zum Drehbuchautor wird in den Vereinigten Staaten an fast allen größeren Universitäten angeboten. Nachfolgend ist eine Auswahl der führenden Institutionen aufgelistet, die laufend auch kürzere Seminare für Drehbuchautoren veranstalten.

American Film Institute	2021 N. Western Avenue Los Angeles, CA 90027 Telefon 001/213/856-7664 Internet: http://www.afionline.org
UCLA Extension	10995 Le Conte Avenue Los Angeles, CA 90024-2883 Telefon 001/310/825-9971 e-mail: enroll@unex.ucla.edu
Emerson College	100 Beacon Street Boston, MA 02116 Telefon 001/617/824-8567 e-mail: dgriffin@emerson.edu
Hollywood Film Institute	PO Box 481252 Los Angeles, CA 90048 Telefon 001/800/366-3456 Internet: http://www.HollywoodU.com

Stoffentwicklung

Media-Programm der Europäischen Union (Zentrale)	200, Rue de la Loi B-1049 Brüssel Telefon 0032/2/2999147 Internet: http://www.europa.eu.int/en/comm/ dg10/avpolicy/media/en/home-m2.html

Info-Büros des Media-Programmes
(in Deutschland)

Gemeinsame Internetadresse:
http://www.mediadesk.de

Media Desk Deutschland
Friedensallee 14–16
22765 Hamburg
Telefon 040/3906585
e-mail: mediadesk@compuserve.com

Media Antenne
Berlin-Brandenburg
August-Bebel-Straße 26–53
14482 Potsdam
Telefon 0331/7212858
e-mail: mediaantenne@filmboard.de

Media Antenne Düsseldorf
Kaistraße 14
40221 Düsseldorf
Telefon 0221/9305014
e-mail: media@filmstiftung.de

Media Antenne München
Schwanthaler Straße 69
80336 München
Telefon 089/5446030
e-mail: media_antenne_muenchen@
compuserve.com

European Media
Development Agency
EMDA
39C Highbury Place
London N5 I QP/UK
Telefon 0044/171/2269903
e-mail: emda@compuserve.com
(im Rahmen des Media-Programm-Development;
ehemals European script fund)

First Movie Programm
Bayerisches Filmzentrum
Geiselgasteig
Bavariafilmplatz 7
82031 Geiselgasteig
Telefon 089/64981-107

Script House
Die Development Agentur

Rosenthaler Straße 34–35
10178 Berlin
Telefon 030 / 28 39 02 46
(professionelle Beratung rund
ums Drehbuch)

Verbände

Spitzenorganisation
der Filmwirtschaft e.V.
(SPIO)

Kreuzberger Ring 56
65205 Wiesbaden
Telefon 06 11 / 77 89 10
Internet: http://www.spielfilm.com/
organe/spio.html
(SPIO ist ein Dachverband, der sich aus mehreren Berufsverbänden der Film- und Videowirt-
schaft zusammensetzt, u. a. einige der unten
angeführten Verbände. Anmeldungen/Richtlinen
zur Titelregistrierung im Filmtitelregister
bei der Abteilung Titelregister der SPIO oder
auch über die angegebene Internetadresse
möglich.)

Fachverbände / Gewerkschaften für Autoren

Verband Deutscher Dreh-
buchautoren e.V. (VDD)

Rosenthaler Straße 39
10178 Berlin
Telefon 030 / 28 24 205

Dramatiker-Union e.V. (DU)

Babelsbergerstraße 43
10715 Berlin
Telefon 030 / 8 53 90 01

Bundesberufsgruppe Kunst
und Medien der DAG

Karl-Muck-Platz 1
20355 Hamburg
Telefon 040 / 3 49 15 01

Fachausschuß Rundfunk im DJV	Bennauerstraße 60 53115 Bonn Telefon 02 28 / 22 29 71
Rundfunk und Fernsehunion (RFFU)	Friedrichstraße 15 70174 Stuttgart Telefon 07 11 / 2 01 80
VG Wort (Verwertungsgesell- schaft Wort)	Goethestraße 49 80336 München Telefon 089 / 5 1 41 20

Produzentenverbände

Bundesverband Deutscher Fernsehproduzenten e.V.	Widenmayerstraße 32 80538 München Telefon 089 / 21 21 47 10
Arbeitsgemeinschaft Neuer Deutscher Spielfilm- produzenten e.V.	Agnesstraße 14 80798 München Telefon 089 / 2 71 74 30
Verband Deutscher Spielfilmproduzenten e.V.	Beichstraße 8 80802 München Telefon 089 / 39 11 23

Regieverband

Bundesverband der Fernseh- und Filmregisseure in Deutschland e.V.	Kaiserstraße 39 80801 München Telefon 089 / 34 01 91 09

Filmförderung des Bundes

Filmförderungsanstalt (FFA) Bundesanstalt des öffentlichen Rechts	Budapester Straße 41 10787 Berlin Telefon 030 / 25 40 90-0 Internet: http://www.ffa.de
Bundesministerium des Inneren Filmreferat	Postfach 17 02 90 53108 Bonn Telefon 02 28 / 681-1
Kuratorium Junger Deutscher Film	Postfach 12 04 28 65082 Wiesbaden Telefon 06 11 / 60 23 12

Filmförderung der Bundesländer

Kulturelle Filmförderung Sachsen Sächsisches Staatsministerium für Wissenschaft und Kunst	Wigardstraße 17 01097 Dresden Telefon 03 51 / 5 64 64 81
Filmboard Berlin-Brandenburg GmbH	August-Bebel-Straße 26−53 14440 Potsdam-Babelsberg Telefon 03 31 / 7 21 28 59 Internet: http//:www.filmboard.de
Mecklenburg-Vorpommern- Film e.V. Landesfilmzentrum	Röntgenstraße 22 19055 Schwerin Telefon 03 85 / 55 50 77
Filmförderung Hamburg GmbH	Friedensallee 14−16 22765 Hamburg Telefon 040 / 3 98 37-0 Internet: http://www.hamburg.de/ economy/filmfoerderung/

Kulturelle Filmförderung Schleswig-Holstein e.V.	Königstraße 21 23552 Lübeck Telefon 0451 / 7 16 49
Filmbüro Bremen	Waller Heerstraße 46 28217 Bremen Telefon 04 21 / 3 87 67 40 Internet: http://www.is-bremen.de/ IS-Bremen/Kultur/Medien/46/IS.html
Niedersächsische Landestreuhandstelle für Wirtschaftsförderung (LTS Wirtschaft) Filmförderung des NDR in Niedersachsen	Postfach 37 07 30037 Hannover Telefon 05 11 / 361-57 78
Film & Medienbüro Niedersachsen	Gerberstraße 16 30169 Hannover Telefon 05 11 / 1 43 70 e-mail: fmb.hann@t-online.de Internet: http://www.osnabrueck-net.de/fmb/
Kultusministerium des Landes Sachsen-Anhalt	Postfach 37 80 39012 Magdeburg Telefon 03 91 / 5 67 31 18
Filmstiftung Nordrhein-Westfalen GmbH	Kaistraße 14 40221 Düsseldorf Telefon 02 21 / 9 305 00 Internet: http://www.filmstiftung.de
Filmbüro NW e.V.	Leineweberstraße 1 45468 Mühlheim Telefon 02 08 / 44 98 41-44

Hessische Filmförderung	Am Steinernen Stock 1
	60320 Frankfurt am Main
	Telefon 069 / 1 55 45 16

Saarländisches Filmbüro e.V.　Nauwieser Straße 19
66111 Saarbrücken
Telefon 06 81 / 3 60 47

Filmbüro Rheinland-Pfalz　Prinzregentenstraße 51
67063 Ludwigshafen
Telefon 06 21 / 52 88 64

Medien- und Filmgesellschaft　Huberstraße 4
Baden-Württemberg mbH　70174 Stuttgart
(MFG)　Telefon 07 11 / 1 22 28 31-33 (35)
Internet: http://www.mfg.de

FilmFernsehFonds Bayern　Schwanthalerstraße 69
(FFF Bayern)　80336 München
Telefon 089 / 54 46 02 50
Internet: http://www.fff-bayern.de
e-mail: fff-bayern@az-online.de

Bayerische Landesanstalt für　Königinstraße 17
Aufbaufinanzierung (LfA)　80539 München
Referat Film　Telefon 089 / 21 24-24 29

Kulturelle Filmförderung　Postfach 672
Thüringen　99013 Erfurt
Thüringer Ministerium　Telefon 03 61 / 3 79 16 32
für Wissenschaft, Forschung
und Kultur
Kulturabteilung Referat K3

Öffentlich-rechtliche Fernsehsender

ARD – Arbeitsgemeinschaft der öffentlich-rechtlichen Rundfunkanstalten der BRD Ständiges ARD Büro	Bertramstraße 8 60320 Frankfurt am Main Telefon 069 / 59 06 07
BR – Bayerischer Rundfunk	Rundfunkplatz 1 80300 München Telefon 089 / 59 00 01 Internet: http://www.br-online.de
HR – Hessischer Rundfunk	Postfach 10 10 01 60222 Frankfurt am Main Telefon 069 / 15 51 Internet: http://www.hr-online.de
MDR – Mitteldeutscher Rundfunk	Kantstraße 71–73 04275 Leipzig Telefon 03 41 / 30 00 Internet: http://www.mdr.de
NDR – Norddeutscher Rundfunk	Rothenbaumchaussee 132 20149 Hamburg Telefon 040 / 4 15 60 Internet: http://www.ndr.de
ORB – Ostdeutscher Rundfunk Brandenburg	August-Bebel-Straße 26–53 14482 Potsdam Telefon 03 31 / 73 10
RB – Radio Bremen	Bürgermeister-Spitta-Allee 45 28329 Bremen Telefon 04 21 / 24 60 Internet: http://www.radiobremen.de

SR – Saarländischer Rundfunk   66100 Saarbrücken
Funkhaus Halberg   Telefon 0681/6020
   Internet: http://www.sr-sb.de

SFB – Sender Freies Berlin   Masurenallee 8–14
   14057 Berlin
   Telefon 030/30310
   Internet: http://www.sfb-berlin.de

SWR – Südwest Rundfunk   Hans-Bredow-Straße
   76522 Baden-Baden
   Telefon 07221/9290

WDR – Westdeutscher   Appellhofplatz 1
Rundfunk   50667 Köln
   Telefon 0221/2201
   Internet: http://www.wdr.de

ZDF – Zweites Deutsches   Postfach 4040
Fernsehen   ZDF-Straße 1
   55100 Mainz
   Telefon 06131/701

Der Kinderkanal ARD/ZDF   Richard-Breslau-Straße 11 A
   99094 Erfurt
   Telefon 0361/2180

ARTE G.E.I.E.   2a, Rue de la Fonderie
Zentralredaktion   F-67080 Strasbourg Cedex
   Telefon 0033/388/142222

ORF – Österreichischer   Würzburggasse 30
Rundfunk   A-1136 Wien
   Telefon 0043/1/878780

SRG SSR   Giacomettistraße 3
Schweizerische Radio-   CH-3000 Bern 15
und Fernsehgesellschaft   Telefon 0041/31/3509111

Schweizer Fernsehen
DRS SF DRS
Fernsehen der deutschen
und der rätoromanischen
Schweiz

Fernsehstraße 1–4
CH-8052 Zürich
Telefon 0041 / 1 / 3 05 66 11

Private Fernsehsender

ProSieben Media AG

Medienallee 7
85767 Unterföhring
Telefon 089 / 95 07 10

RTL Television
RTL Deutschland Fernsehen
GmbH & Co. KG

Aachener Straße 1036
50858 Köln
Telefon 02 21 / 45 60

SAT 1
Satelliten Fernsehen GmbH

Oberwallstraße 6–7
10117 Berlin
Telefon 030 / 2 09 00

Originaldrehbücher

Script City

8033 Sunset Blvd. Ste. 1500
Hollywood, CA 90046
Telefon 001 / 213 / 871-07 07

Medienanwälte

Anwalt-Suchservice GmbH

Unter den Ulmen 96–98
50968 Köln
Telefon 0180 / 5 25 45 55

Filmfeste (Auswahl der wichtigsten deutschen Filmfeste)

Berlinale Internationale Filmfestspiele Berlin	Budapester Straße 50 10787 Berlin Telefon 030/25 48 92 25
Filmfest Hamburg GmbH	Friedensallee 44 22765 Hamburg Telefon 040/39 91 90 00
Hof Internationale Hofer Filmtage	Lothstraße 28 80335 München Telefon 089/1 29 74 22
Filmfest München Internationale Münchner Filmwochen GmbH	Kaiserstraße 39 80801 München Telefon 089/38 19 04-0

Filmsoftware

Film Software Pl@net Meiringer & Partner GbRD	Hullerser Straße 3 A 37574 Einbeck Telefon 0 51 05/35 29 e-mail: Filmsoft@aol.com Internet: http://www.filmsoftware.com
Final Draft: B.C. Software	11965 Venice Blvd. Suite 405 Los Angeles, CA 90066 Telefon 001/800/231-4055 Internet: http://www.finaldraft.com
The Writer's Computer Store	Los Angeles, USA Telefon 001/800/272-89 27 Internet: http://www.writerscomputer.com/ script.htm
Write Ware	6404 Hollywood Blvd. Ste. 415 Los Angeles, CA 90028 Telefon 001/800/727-69 78

WEB-SITES mit INFOS und LINKS zu FILM & KINO im WWW

http://www.spielfilm.com
(Internetplattform des scholz film fernseh abc für professionelle Medienmacher)

FilmNetWork
http://www.fnw.de
(Online-Service für die TV-/Filmbranche)

ebiz – Entertainment Business
http://www.ebiz.de
(Online-Fachdienst des Entertainment Media Verlages)

http://www.film.de
(Consumer-Dienst)

Deutsche Filmdatenbank Movieline
http://www.movieline.de/datenbank

Europa Cinemas
http://www.europa-cinemas.org
(Europäisches Kinofilmnetzwerk)

CineGraph
http://www.cinegraph.de
(Daten, Fakten und Hintergründe zur Geschichte des deutschsprachigen Films. Filmlexikon, Drehbücher, Links etc.)

FilmStudio. Film und Kino im WWW
http://www.informatik.rwth-aachen.de/FilmStudio/
(Uni-Web-Site mit zahlreichen Links rund ums Kino)

Medien Handbuch
http://www.medienhandbuch.de
(»virtueller Marktplatz« mit mehr als 35000 aktuellen Branchenadressen)

Branchenführer Medien Berlin-Brandenburg
http://www.mediaweb.de/branchen

Adressen

Internet Movie Database (IMDb)
http://www.imdb.com
(umfangreiche Filmdatenbank mit Glossar zu Fachbegriffen etc.)

Cine Media
http://www.afionline.org/CineMedia/
(Filmdatenbank des American Film Institute)

All Movie Guide
http://www.allmovie.com/root/amg/movie-root.html
(Verzeichnis sämtlicher US-Kinofilme, größere Dokumentationen)

Box Office Guru
http://www.boxofficeguru.com
(Boxoffice-Daten aller US-Kinofilme von 1989 bis heute)

The Megahit Movies
http://www.mmsysgrp.com/megahits.htm
(dramaturgischer Aufbau aktueller Hitmovies)

Indie Wire
http://www.indiewire.com
(aktuelle News aus der amerikanischen Independent Filmszene)

Independent Filmmaker Magazine
http://www.filmmag.com
(Production News, Interviews, Artikel zum Thema Filmemachen)

REGISTER

(Filmtitel sind *kursiv* hervorgehoben)

Über den Autor

C. P. Hant ist Drehbuchautor. Von ihm stammt unter anderem das Konzept zu der Krimi-Reihe *Der Bulle von Tölz* und die erste Staffel der Drehbücher (7 x 90 Minuten) für SAT 1. Die erste Staffel wurde als »Beste TV-Serie« mit dem Goldenen Löwen ausgezeichnet sowie als bester Mehrteiler für den Adolf-Grimme-Preis nominiert und gewann den Romy für das beste Serienkonzept. Zuvor war C. P. Hant mehrere Jahre am American Film Institute und bei Ringwald Productions/Warner Brothers in Los Angeles tätig.

Medienfachbücher bei Zweitausendeins:

Syd Field
Das Handbuch zum Drehbuch.

Syd Field ist (nach Analysen des Hollywood-Reporter) der »meist-gefragte Drehbuchlehrer der Welt«. Sein »Das Handbuch zum Dreh-buch« beschreibt das grundlegende Wissen für Drehbuchautor/-inn/en und enthält Übungen und Anleitungen zu einem guten Drehbuch: Die erste Idee im Kopf, Die erste Kurzfassung in drei Sätzen, Das Vier-Seiten-Treatment, Die wichtigen dramatischen Wen-depunkte, Wie gestalten Sie lebendige Figuren, Sinn und Unsinn von Dialogen u.v.m.
Originaltitel: *The Screenwriter's Workbook*. Deutsch von Brigitte Kramer. Bereits in der 12. Auflage! 232 Seiten. Fadenheftung. Fester Einband. Nur bei uns. 29 DM. Nummer 10662.

Christopher Vogler
Die Odyssee des Drehbuchschreibers.
Über mythologische Grundmuster des amerikanischen Erfolgskinos.

Christopher Vogler hat für Hollywood-Studios Tausende von Stories und Drehbuchentwürfe auf ihre Tauglichkeit geprüft. Er stellte fest, daß fast allen großen Publikumserfolgen eine bestimmte arche-typische Struktur zugrundeliegt, die seit Anfang der Welt die er-folgreichsten Geschichten aller Zeiten (die Märchen und Mythen) bestimmt. Voglers Folgerung: Wenn wir alle immer wieder eine Geschichte in immer neuen Varianten erleben wollen, dann liegt das daran, daß wir in ihr Archetypen wiederfinden, an denen wir alle teilhaben. Wenn sämtliche Publikumserfolge von Homers Odyssee bis zum Krieg der Sterne nach ähnlichem Muster gestrickt sind, dann ist man bei künftigen Filmprojekten gut beraten, den Faden weiter-zuspinnen. Vogler, mittlerweile Dozent für kreatives Schreiben, wird

laut Filmmagazin Fame längst zu den »100 wichtigsten Leuten Hollywoods« gezählt. In diesem Buch, das »in den letzten Jahren Furore gemacht hat« (Die Welt), legt er seine Erkenntnisse nieder.
Neue, erweiterte Ausgabe. Originaltitel: *The Writer's Journey.*
Mythic Structure for Writers. Deutsch von Frank Kuhnke.
486 Seiten. Fadenheftung. Fester Einband. Nur bei uns. 33 DM.
Nummer 18208.

Mark W. Travis
Das Drehbuch zur Regie.
Wie Regisseur und Filmteam erfolgreich zusammenarbeiten.

Filme, auch von Star-Regisseuren, sind in Wahrheit Teamarbeit. Filmemachen heißt, nicht nur die geeigneten Talente zu finden, sondern aus allen Beteiligten ein Team zu formen. Wie schafft es der Regisseur, daß die unterschiedlichsten Künstler einander ergänzen, daß die Chemie zwischen den Schauspielern stimmt und daß sie im entscheidenden Moment vor der Kamera überzeugen? Wie schwört er Drehbuchautoren, Producer, Kameraleute, Szenen- und Kostümbildner, Besetzungschefs, Darsteller, Techniker, Ausstatter, Geräuschemacher, Cutter, Komponisten auf ein gemeinsames Ziel ein? Wie setzt er die Intention des Drehbuchs in seine Vision um? Wie bringt er es fertig, daß so viele Leute gemeinsam ein und dieselbe Filmgeschichte erzählen? Und wie realisiert er trotz ständig auftauchender Probleme bei wachsendem Zeitdruck und abnehmendem Budget seinen Film? Der Film- und Fernsehregisseur Mark Travis gibt ebenso verblüffende wie einfache Anworten. Dabei stützt er sich auf Methoden, die er in seinen Seminaren für Regisseure, Drehbuchautoren und Schauspieler entwickelt hat. Er nimmt der Regie- und Schauspielführung den Nimbus des Geheimnisvollen und zeigt, welch faszinierendes Abenteuer das Filmemachen ist. »Pflichtlektüre für jeden professionellen Regisseur.« (Mark Rydell, Regisseur)
Deutsche Erstausgabe. Originaltitel: *The Director's Journey.*
Deutsch von Susanne Lück. 386 Seiten. Fadenheftung. Fester Einband. Nur bei uns. 33 DM. Nummer 18287.

Alan A. Armer
Lehrbuch der Film- und Fernsehregie.

Armers Handbuch gilt in Amerika als das Standardwerk zum Thema. Es ist das erste (und einzige) systematische Regie-Lehrbuch für Kino- und Fernsehfilme in deutscher Sprache. Es vermittelt »kompetent ein Spektrum von der Entwicklung von Charakteren über Schauspieler- und Kameraführung bis zur Inszenierung von Interviews und Sachsendungen« (Die Welt) und gibt eine praxisnahe Einführung in das tägliche Handwerk des Regisseurs auf dem Set und im Fernsehstudio. »Ein rundum wertvolles Buch: sehr übersichtlich gegliedert und locker geschrieben, läßt es sich ebenso von der ersten bis zur letzten Seite vom Fleck durchlesen wie auch kapitelweise durcharbeiten... Schritt für Schritt werden die wesentlichen Prinzipien vorgestellt (Elemente der Unterhaltung, Denken in Bildern), mit denen der Regisseur seine Botschaft visuell transportiert... mit solcher Aktualität und breitem Themenspektrum gibt es derzeit auf dem deutschen Markt keine vergleichbare Konkurrenz. Gut investierte 60 Mark!« (Plot Point).
Deutsche Erstausgabe. Originaltitel: *Directing Television and Film.*
Deutsch von Gesine Flohr, Harald Utecht und Martin Weinmann.
478 Seiten. Großformat 19 x 24 cm. Fadenheftung. Fester Einband.
Nur bei uns. 60 DM. Nummer 18199.

Steven D. Katz
Die richtige Einstellung.

Katz, Filmemacher mit 20jähriger Hollywood-Erfahrung, »der nicht nur ein didaktisch versierter Praktiker ist, sondern auch fesselnd zu schreiben versteht« (Hessischer Rundfunk), zeigt, wie ein Film entsteht: »Inszenierung von Dialogszenen und Bewegung, Tiefe im Bild, Blickwechsel der Kamera, Kadrierung, Erzählperspektive, Schwenk, Kran, Fahrt... alles mit anschaulichen Beispielen in Bildform illustriert... Die Wichtigkeit der Anschlüsse wird immer wieder hervorgehoben. Ein Bild alleine kann wundervoll sein. Aber erst in der Aneinanderreihung, Bild für Bild – Shot by Shot! – erschließt sich der

dreidimensionale Raum, die Nähe zwischen Erzählung und Betrachter, die Anteilnahme am Kunstwerk Film«, lobt das Fachmagazin Plot Point die Qualitäten »des faszinierenden Buches, das viele Original-Storyboards – zu Die Vögel, Citizen Kane und einer nicht gedrehten Anfangssequenz zu Blade Runner – enthält« (Die Welt). Das Fachmagazin ›Der Kameramann‹ bestätigt: »Solides, grundlegendes Handwerkszeug zur Inspiration der Kreativen.«
Deutsche Erstausgabe. Originaltitel: *Film Directing Shot by Shot. Visualizing from Concept to Screen.* Deutsch von Harald Utecht. 524 Seiten, Großformat 17 x 24 cm. Fadenheftung. Fester Einband. Nur bei uns. 60 DM. Nummer 18258.

Judith Weston
Schauspielerführung in Film und Fernsehen.

Judith Westons berühmtes Handbuch zeigt Schritt für Schritt, wie Regisseure eine kreative und kooperative Beziehung zu ihren Schauspielern aufbauen und eine knappe, effektive Regieführung entwickeln. »Schauspielerführung in Film und Fernsehen« ist ein Buch aus der Praxis für die Praxis. Judith Weston schöpft aus über zwanzigjähriger Erfahrung als Schauspielerin, Schauspiellehrerin und Beraterin von Regisseuren. Ihre Workshops für Regisseure genießen in Hollywood hohes Ansehen. Sie erklärt, was Schauspieler, Routiniers wie Anfänger, von Regisseuren erwarten, aber häufig nicht bekommen. Sie beschreibt plausibel und nachvollziehbar, welche Regieanweisungen »ankommen« können und welche nicht. Und sie zeigt an Beispielen aus ihrem reichen Erfahrungsschatz, wie ein Schauspielerensemble aus festgefahrenen Situationen herausgeführt und Blockaden aufgelöst werden können.
Deutsche Erstausgabe. Originaltitel: *Directing Actors. Creating Memorable Performances for Film and Television.* Deutsch von Waltraud Götting. 466 Seiten. Fadenheftung. Fester Einband. Nur bei uns. 39 DM. Nummer 18270.

Robert Bahr
Dramentechnik für Prosatexte.

Schreiben können wir alle. Robert Bahr zeigt in diesem Buch, wie wir alle gut und besser schreiben können – sei es ein Liebes- oder Leserbrief, sei es ein Artikel für die Zeitung, ein Sachbuch oder einen Roman. Robert Bahr ist Schriftsteller und Journalist. »Autoren spielen«, sagt Bahr, »ihre Konzepte wie Theaterregisseure bei Bühnenproben so lange durch, bis Handlung und Figuren ein Eigenleben entwickeln. Sie versetzen sich in die Rolle des Publikums, das auf der Generalprobe begeistert applaudiert oder das Stück gnadenlos ausbuht.« Die einzelnen Kapitel seines Buches verfolgen Schritt für Schritt den Aufbau des dramatischen Geschehens im Theater der Fantasie. In dem komplexen Verhältnis zwischen Leser, Werk und Autor sieht er die Inszenierung eines packenden Dramas mit einem »dramatischen Konzept« und einer »szenischen Perspektive«. Der Autor ist der Schauspieler für jede der Rollen in seinem Stück und zugleich der Regisseur, der souverän über das Zusammmenspiel von Handlung, Zeit und Ort bestimmt.
Originaltitel: *Dramatic Technique in Fiction.* Deutsch von Hans J. Becker. 196 Seiten. Fadenheftung. Fester Einband. Nur bei uns. 25 DM. Nummer 18273.

Roger A. Hall
Mein erstes Stück.

Eine Geschichte so zu schreiben, daß sie allein aus den Dialogen heraus lebt, ist eine ganz besondere Kunst. Wer ein Theaterstück schreibt, muß sie perfekt beherrschen. Handwerksregeln haben hier noch größere Bedeutung als bei Romanen oder Erzählungen. Trotzdem galt es lange Zeit als unmöglich, die schwierige Kunst des Stückeschreibens von Grund auf zu lernen. »Schon seit Aristoteles vor 2.300 Jahren versucht hat, die unterschiedlichen Elemente einer Tragödie zu benennen, bemühen sich Autoren und Kritiker darum, zu erklären, wie man ein Theaterstück aufbaut«, schreibt Roger A. Hall in seiner Einleitung. Halls Handbuch – in den USA seit vielen Jahren bewährt – erläutert das wirkungsvolle Zusammenspiel von Dialogszenen praxisnah am Beispiel aktueller Theaterproduktionen. Das Buch erklärt: wie Sie eine Handlung effektvoll beginnen und dann überzeugend entwickeln, wie Sie im Zusammenspiel von Handlung und Konfliktaufbau Charaktere darstellen, wie Sie glaubwürdige Dialoge schreiben, ob das Einbringen persönlicher Erfahrungen eine Bereicherung oder eher eine Gefahr für ein Stück bedeutet u.v.m. Roger A. Hall: »Einige der Studenten, die meine Übungen beherzigt haben, schreiben heute erfolgreich für Bühne, Film und Fernsehen. Viele arbeiten in anderen Bereichen an professionellen Theatern.«

Aus dem Inhalt: Eine spannende Handlung stellt Fragen, Eine spannende Handlung braucht Verben, Wo Ideen herkommen, Hindernisse und Konflikte, Die Unterhaltung, Die Einführung von Charakteren, Dramatische Ironie und Dreierbeziehungen, Emotionale Verknüpfungen und ihre Risiken, Die Gefahren der Wahrheit, Spontanes Schreiben, Problemlösungen: Menschen, Orte, Gegenstände u.v.a.

Deutsche Erstausgabe. Originaltitel: *Writing Your First Play.* Deutsch von Andreas Betten. 283 Seiten. Fadenheftung. Fester Einband. Nur bei uns. 25 DM. Nummer 18317

R. B. Tobias
20 Masterplots.

Wollen Sie Drehbücher schreiben? Filme machen? Romane veröffentlichen? Dann brauchen Sie vor allem eins: Eine gute Geschichte. – Ein weites Feld? Unendliche Auswahl für die Fantasie? Aber nein! Es gibt, da sind sich die meisten Schreiber einig, nur eine sehr begrenzte Auswahl von Erzählmustern; alles übrige sind Variationen zum Thema. Wer von diesen tradierten Erzählstrukturen abweicht, hat möglicherweise weniger Erfolg, denn der Mensch liebt seine Denkmuster. In 20 Masterplots präsentiert Ronald B. Tobias zentrale Erzählstrukturen, die in der Literatur, gleich welchen Genres, immer wieder auftauchen. Tobias zeigt, wie ein erfolgreicher Plot aufgebaut sein muß, damit sich darin alle Facetten einer Geschichte entfalten können. Die vorgestellten Plots, die sich mal mehr an äußeren Ereignissen, mal mehr am Schicksal der Hauptfigur orientieren, umfassen die erzählerischen Grundmuster, von denen sich die Menschen seit Jahrhunderten fesseln lassen und die auch heute noch Bestseller (fast) garantieren. »Der beste Ratgeber für Leute, die das Handwerk des Schreibens perfektionieren wollen« (Lübecker Nachrichten).

Deutsche Erstausgabe. Originaltitel: *20 Master Plots (and How to Build Them)*. Deutsch von Petra Schreyer. 335 Seiten. Fadenheftung. Fester Einband. Nur bei uns. 27 DM. Nummer 18289.

Sol Stein
Über das Schreiben.

Wer schriftstellerische Ambitionen hat, hält seine Zukunft als Autor/Autorin in den eigenen Händen. Gleichgültig, ob Sie Anfänger oder ein Profi sind, ob Sie Romane, Kurzgeschichten oder Sachbücher schreiben, Sie werden in diesem Ratgeber eine Fülle praxistauglicher Tips finden, die Sie anderswo vergeblich suchen. Denn dieses Handbuch kommt aus der Praxis. Es zeigt Ihnen, was Sie machen müssen, damit Ihr Text interessant wird, wie Sie ein verunglücktes Manuskript reparieren und ein gutes noch verbessern. Sol Stein weiß, worüber er schreibt: Er ist ein international erfolgreicher Bestsellerautor (»Der Magier«), war 36 Jahre Lektor berühmter Autoren (James Baldwin, Dylan Thomas, Elia Kazan u.v.a.) und ist als Lehrer für Creative Writing ausgezeichnet worden. Stein kennt die geschriebenen und ungeschriebenen Regeln, Tips und Techniken des Schreibens, und er weiß, wie man einen Text kommerziell erfolgreich macht. Anhand zahlreicher Beispiele zeigt er, wie Sie ein Buch wirkungsvoll beginnen, wie Sie faszinierende Charaktere entwickeln und einen tragfähigen Plot entwerfen. Er erklärt endlich einmal das für jede Handlung zentrale System des Konfliktaufbaus und zeigt die Techniken und »Geheimnisse des spannenden Dialogs«, mit denen sich ein verbaler Schlagabtausch oder einfühlsamer Dialog effektvoller gestalten lassen. Im Kapitel »Spannung« erklärt er, wie Sie die Leser/innen an den Text fesseln. Stein lehrt, wie man Vorgänge zeigt, statt von ihnen zu erzählen, wie Rückblenden wirkungsvoll eingesetzt werden, und er vermittelt die Kunst, Liebesszenen überzeugend darzustellen. Stein gibt auch wertvolle Hinweise für Sachbuchautor/inn/en, hilft bei schriftstellerischen Grundsatzentscheidungen (»kommerziell, populär, literarisch?«), verrät eine Fülle von Tips und Tricks für die tägliche Arbeit am Manuskript und offenbart im fünften Kapitel eines der großen unausgesprochenen Geheimnisse des Schreibens.

Dieses Buch »ist das Beste, das ich je über die Kunst des Schreibens gelesen habe ... Die Tips, Tricks und mannigfaltigen Beispiele für gelungenes und weniger gelungenes Schreiben sind für jeden Autor, gleichgültig, auf welcher Stufe seiner schriftstellerischen Laufbahn er auch stehen mag, unfehlbar eine große Hilfe«, sagt Barnaby Conrad, Vorsitzender des Autorenkonvents Santa Barbara. Sol Steins »wunderbares ›Über das Schreiben‹ gehört auf jedes Autorenregal« (Die Welt).

Deutsche Erstausgabe. Originaltitel: *Stein on Writing*. Deutsch von Waltraud Götting. 443 Seiten. Fadenheftung. Fester Einband. Nur bei uns. 33 DM. Nummer 18207.

R. J. Randisi
Krimis schreiben.

Krimis und Thriller gehören zu dem mit Abstand meistgelesenen und auch kommerziell erfolgreichsten Genre der Literatur. Verbrechen lohnt sich eben doch. Die Welt: »In Deutschland kamen 1995 genau 1.242 Kriminalromane heraus. Das war ein Rekord. Die Zahl ist inzwischen eher noch gestiegen.« Aber: Der Hauptteil dieser Bücher ist Import aus dem englischen Sprachraum. In Deutschland fehlt es noch immer an erfolgreichem Kriminachwuchs. Dagegen wird etwas getan. Mit einem Handbuch, importiert aus dem englischen Sprachraum: Robert J. Randisi, der Gründer der Autor/inn/envereinigung »Private Eye Writer's of America« und selbst Autor von Kriminalromanen, hat eine Reihe nützlicher Ratschläge und Hinweise zusammengestellt. »Einige der Mitarbeiter der ›Private Eye Writer's of America‹, darunter so bekannte Autoren wie Lawrence Block, Max

Allan Collins oder Sue Grafton erlauben einen Blick in ihre Schreib-
techniken und -gewohnheiten. Die insgesamt 17 Autoren und Auto-
rinnen des Handbuchs behandeln gründlich, aber unterhaltsam alle
Aspekte des Themas und machen außerdem Lust auf die Lektüre der
genannten Krimis – zugleich ein Überblick über den amerikanischen
Markt... Trotz flotter Schreibe eine umfassende Darstellung.« (ekz-
Infodienst)
Deutsche Erstausgabe. Originaltitel: *Writing the Private Eye Novel.*
Deutsch von Frank Kuhnke. 353 Seiten. Fadenheftung. Fester Ein-
band. Nur 25 DM. Nummer 18290.

In Vorbereitung:

Peter Kerstan
Journalistische Filme erfolgreich gestalten.

Peter Kerstan ist Fernseh-Profi und kennt das Geschäft von Grund
auf. Er war Cutter, Kameramann und Autor an der Produktion von
TV-Beiträgen beteiligt, bevor er als Ausbildungsleiter beim ZDF
seine Erfahrungen weitergab. Immer wieder fiel ihm auf: Es gibt Aus-
bildungsbücher zu allen Fragen des Filmschaffens, nur eine der
grundlegenden Darstellungsformen muß immer noch ohne hinrei-
chende Lehrbücher auskommen – und das merkt man in der täg-
lichen Praxis. Der kurze, berichterstattende Film in Nachrichten-
sendungen und Magazinen erreicht selten die gewünschte Wirkung.
Während es zum längeren Dokumentarfilm unendlich viel Literatur
gibt, ist »die kleine Story«, der Kurzbeitrag von einer bis zu fünf
Minuten, ein vernachlässigtes Genre in der Fachliteratur. Kerstan entwickelt deshalb aus der Praxis des Fernsehalltags die wesentlichen
Grundregeln für den berichterstattenden Film. Er verzichtet auf jeden
medienästhetischen Überbau und fragt stattdessen: Wie funktioniert
unsere Wahrnehmung und wie müssen Kameraleute, Filmjourna-
listen und Cutter ihre Filme gestalten, damit sie unserer Wahr-

nehmungsfähigkeit entsprechen, von den Zuschauern auch erfaßt werden und die Botschaft ankommt? Er zeigt, warum die gestalterische Optimierung auch meist der ökonomischere Weg für die TV-Produktion ist. »Journalistische Filme erfolgreich gestalten« richtet sich an Producer, Kameraleute, Autoren von Filmbeiträgen, Redakteure, Dokumentar- und Werbefilmer, Ausbilder – alle, die mit Bildern Informationen vermitteln wollen, aber auch an die, die täglich journalistische Filmbeiträge sehen und das Medium besser verstehen wollen.
Originalausgabe. Ca.110 Bilder. Ca. 200 Seiten. Fadenheftung.
Fester Einband. Ca. 35 DM. Erscheint Juni 2000.

Michael Rabiger
Dokumentarfilme drehen.

Wer Dokumentarfilme professionell drehen will, sei das mit einer Film- oder Videokamera, findet hier in technischer wie theoretischer Hinsicht alles Wissenswerte. Schritt für Schritt können Sie lernen, wie man die Leinwand oder den Bildschirm zur Dokumentation oder für bestimmte Recherchen nutzt. Wenn Sie zu den absoluten Anfängern auf dem Gebiet des Dokumentarfilms gehören, bietet Ihnen dieses Buch einen in jeder Hinsicht leichten Einstieg und vermittelt Ihnen Zug um Zug die fachliche Kompetenz eines Profis. Rabigers bewährtes Handbuch steht aber auch Profis bei Grundsatzentscheidungen und Fragen der Bildästhetik zur Seite und berät Sie umfassend bei der Vorbereitung für die Dreharbeiten, der richtigen Zusammenstellung des Teams, den Dreharbeiten selbst und in der Phase der Postproduktion.
Deutsche Erstausgabe. Originaltitel: *Directing the Documentary.*
Ca. 470 Seiten. Fadenheftung. Fester Einband.
Nur bei uns. Ca. 39 DM. Erscheint im August 2000.

Daniel Arijon
Grammatik der Filmsprache.

Mit Hilfe von über 1.500 Skizzen und Bildern erläutert der Produzent,
Drehbuchautor und Regisseur Daniel Arijon die Strukturen und
Grundelemente einer filmischen Handlung: Die richtige Perspektive,
Schwenks, Kamerafahrten, Bildführung in Dialogszenen u.v.m.
Deutsche Erstausgabe. Originaltitel: *Grammar of the Film Language.*
Ca. 650 Seiten. Fadenheftung. Fester Einband. Nur bei uns.
Ca. 45 DM. Erscheint voraussichtlich im August 2000.

www.Zweitausendeins.de

Das Papier dieses Buches, einschließlich Überzug
und Vorsatz, besteht zu 100 Prozent aus Altpapier.
Das Kapitalband wurde aus ungefärbter und
ungebleichter Baumwolle gefertigt.